儿童感觉统合训练

ERTONG GANJUE TONGHE XUNLIAN

李娟◎编著

中国妇女出版社

图书在版编目（CIP）数据

儿童感觉统合训练 / 李娟编著 .—北京：中国妇女出版社，2016.10

ISBN 978-7-5127-1324-6

Ⅰ.①儿… Ⅱ.①李… Ⅲ.①感觉统合失调—训练—儿童教育—特殊教育 Ⅳ.①G76

中国版本图书馆 CIP 数据核字（2016）第 178995 号

儿童感觉统合训练

作　　者：李　娟　编著
责任编辑：魏　可
封面设计：创品世纪 · 秦墨函
出版发行：中国妇女出版社
社　　址：北京东城区史家胡同甲24号　　邮政编码：100010
电　　话：（010）65133160（发行部）　65133161（邮购）
网　　址：www.womenbooks.com.cn
经　　销：各地新华书店
印　　刷：三河市双峰印刷装订有限公司
开　　本：170×240　1/16
印　　张：16.75
字　　数：200千字
版　　次：2016年10月第1版
印　　次：2016年10月第1次印刷
书　　号：ISBN 978-7-5127-1324-6
定　　价　35.00元

前言

孩子是天使，是上天赐予父母最珍贵的礼物。孩子的降生会给家庭带来快乐和喜悦，但也会让初为父母的家长忙乱和迷惑。在这个变化万千、竞争激烈的多元化社会，孩子的教育显得极为重要，尤其是针对婴幼儿的早期教育。婴幼儿期是孩子感觉发展的关键期，这个时期孩子的生长发育最快。如果这个时候父母能给予宝宝丰富的营养和适当的感觉训练，就可以很好地开发宝宝的大脑，使信息传递得更迅速，让宝宝更聪明、更健康。通过本书，家长可以了解到感觉统合的理论基础，了解感觉统合各个系统（前庭系统、触觉系统、本体感觉等）的基本功能，从而更深刻地认识感觉统合这一理念，并将其贯彻执行，为孩子的教育及未来发展奠定坚实的基础。

对于每一个儿童来说，感觉统合的作用都是不可缺少的。正因为人的大脑具有感觉统合的能力，所以才能协调身体对外界的刺激做出适应性反应。因此，成长中的宝宝不仅需要各种感觉刺激，还需要对其进行科学有效的感觉统合训练。

本书详细介绍了感觉统合训练的原则、方法、技巧，以及可在家庭生活中进行的一些简单易行的感觉统合游戏，并对训练中可能产生的误区做了说明，以供家长参考和使用。

儿童感觉统合的发展可以分为三个时期：一是 3 岁前的预防期，二是 6 岁前的矫正期，三是 10 岁前的弥补期。所以，儿童的教育要从小抓起。但由于缺乏经验，许多父母不明白应该怎样对宝宝进行感觉统合训练，从而错失了最佳的早期教育时机。为了给怀孕中的妈妈以及初生宝宝的家庭更多感觉统合方面的指导，本书从胎教开始讲起，详细介绍了 0 岁到 1 周岁宝宝的感觉统合训练方法，让孩子及早地接受训练，预防感觉统合失调，为其以后的发展奠定基础。

生活在都市中的孩子，其活动空间越来越少，加之家长教养理念的偏差等，都可能给孩子的感觉统合带来极大的影响。但更糟糕的是，许多家长对孩子身上表现出的问题总是后知后觉，等发现的时候已经失去了矫正的先机。这样不仅会给孩子的成长带来隐患，更会让家长痛苦万分。所以，家长有必要阅读本书中列举的感觉统合失调的表现，然后观察自己的孩子是否有这种情况，并利用相关的测评方法对孩子的感觉统合能力进行一个总体的测评。只有明确孩子的障碍情况，才能更好地给孩子提供帮助。

另外，感觉统合失调的情况更多发生在一些问题儿童身上，例如智能迟缓儿童、缺陷多动症儿童、抽动症儿童、自闭症儿童，等等。这些儿童属于社会中的弱势人群，他们更需要社会的关爱。这类问题儿童常常伴有生理或心理上的某种缺陷，阻碍其健康发展。对于这些问题儿童的感觉统合训练方法，本书也有详细介绍，目的是帮助这些问题儿童清除发展障碍，促进其身心健康成长，提供更多爱护和帮助。

总而言之，感觉统合最重要的还是要去“做”，只有行动才是解决问题的根本方法。用说的、用写的，比理论、比深度，都不如“立刻行动”来得快。孩子感觉统合的发展没有快捷方式，只有靠不断地努力和坚持。

目录

第八章_ 家庭教育中感觉统合训练常见误区

第九章_ 家庭辅助与婴儿感觉统合训练

第十章 家庭中的感觉统合游戏

第一章 感觉统合与儿童感觉统合能力失调

感觉统合是指儿童的大脑与身体相互协调、对环境做出适应性反应的能力。这种能力在婴幼儿期就已经开始发展，而且与儿童日后的学习能力有很大关系。感觉统合失调的儿童会出现无法确定惯用手、爱撒饭粒、走路不协调等表现。造成感觉统合失调的原因除了遗传等先天因素，还有生活方式、家庭教育等方面的后天因素。

什么是感觉统合

感觉统合（Sensory Integration）是指机体在环境内有效利用自己的器官，通过视觉、听觉、味觉、嗅觉、触觉、前庭觉和本体觉等从环境中获取信息，并由大脑对其进行多次分析、综合处理，进而做出适应性反应的能力。概括来说，感觉统合就是一种大脑和身体相互协调的学习过程，与大脑和身体的发展息息相关。感觉统合就好像一个信号灯，在大脑这条“高速公路”上引导着各种各样的信息进行有序的传导。

1970 年，在欧美及日本等发达国家中，人们发现“问题儿童”越来越多。于是在数百位专家齐心协力的研究下，终于在 1972 年由美国加利福尼亚大学临床心理学家爱尔丝（J. Ayres）博士系统地提出感觉统合理论。也就是说，感觉统合的理论由脑神经生理学基础发展而来。

据调查显示，几乎所有儿童都存在一些感觉统合失调的症状。换而言之，任何一个儿童都很难百分

之百达到感觉统合。儿童之所以会出现感觉统合失调的症状，与大脑皮质（上位脑）障碍这种说法相比，爱尔丝博士更认可脑干（间脑、中脑、脑干、延髓）脊髓系（下位脑）基本功能统合障碍这种说法。人类要想拥有行为和能力，就必须由生物的基本功能（脑干脊髓系）正确而又充分地发挥其功能才能得以实现。在心理学上，"心理发育迟滞"是指身体运动、感觉运动、认知语言、社会性等能力未达到其实际年龄所应具有的水平，这同样是因为大脑神经基本水平的统合（发育）有障碍造成的。

在日常生活中，与同龄孩子相比，有些儿童更需要父母和老师的照顾，对父母和老师比较依赖。同时他们的行为也会显得比较幼稚，缺乏自我控制能力，不能很好地保护自己免受伤害。这些状况很有可能就是感觉统合失调引起的。

为了更明确感觉统合这一概念，我们需要了解以下几点。

大脑的工作过程

众所周知，大脑对人的作用至关重要，它能帮助我们处理周围环境中庞大而又复杂的信息，从而使我们逐渐适应环境，远离环境中暗藏的危险，甚至能够在一定程度上改造环境。人类大脑的极端复杂性使得与其相关的研究都还未能深入进行，然而一项新的实验结果则向我们展示了大脑的工作过程：人脑主动抑制或忽略无关的或次要的信息，而将重要信息经过整合后，指挥身体各部分器官协调运动，完成对环境的适宜反应。

首先，我们的中枢神经系统要进行感觉输入，而感觉输入则要依赖视觉、听觉、运动觉、平衡觉和触觉等感官进行采集信息来完成。所以，人体的感官必须确保可以正常运作，否则将会影响感觉输入，妨碍感觉统合的正常发展。

其次，中枢神经系统开始进行感觉统合，即将感官通过感觉神经传来的信息加以组织、比较和储存。在这个过程中，为了使人更加清楚地对现有信息进行认知，中枢神经系统还要将目前的和过去的各种各样的信息进行有机结合，使其作为一个整体来进行认知。

再次，中枢神经系统要支配着运动器官进行动作输出。动作输出作为一种神经冲动，使人能够做出面对刺激的一系列动作反应。同样，如果人体的运动器官出现了缺陷，那也将会影响动作输出的过程。

最终，人体还要对动作输出进行核对，并持续性地回馈给大脑。这种回馈过程十分重要，它也能够作为另一个输入的来源，使感知觉构成一个连续的过程，从而在大脑运作过程中起到调节的作用，使其不易出现错误。但同时回馈也依赖于感官和动作的配合，所以说，动作和感觉是认知过程中无法缺少的一环。

婴幼儿的感觉统合系统

感觉统合系统早在婴幼儿时期就已经开始形成，触觉、前庭平衡、固有平衡等能力在胎位的变动中就有所发展，只不过还未发育成熟，各神经元与外界的联系还处在初步建立的过程中。要想让儿童的感觉统合正常发展，就必须在婴幼儿时期给予足够的刺激，这样才能使大脑神经元突触之间的连接得到不断强化，使儿童的高级神经系统功能和行为能力得到稳步建立，为更高一级的思维形成打下坚实的基础。所以，儿童要想具有完善的行为能力，就必须从婴幼儿时期就开始进行发展，从一个个简单的行为进而提升为更高的行为水平，否则将会直接影响感觉统合系统的功能。

周围环境的刺激作用

前面已经说过，婴幼儿时期人的脑发育还未成熟，有的功能还不能够正常地发挥，所以 0~3 岁是人脑发育的黄金时期。在这期间，孩子要经历吞咽咀嚼、分辨大小多少、爬行、站立、行走、口头语言、计数发展的关键期。3 岁以后，孩子还要进行性格培养、形象视觉发展、学习书面语言、掌握数学概念和语言词汇能力等。

所以，广大父母要抓住儿童发展的这一关键时期，对孩子进行早期教育，为孩子塑造一个丰富多彩的生活环境，提供各种有效的刺激，从而使孩子的感知觉等得到及时的发展。而一旦错过了这个机会，则终生都难以弥补。

在日常生活中，父母要经常带孩子出去玩一玩，可以去森林里观察奇妙的大自然，也可以学习歌舞或者聆听音乐，等等。而儿童在通过感知觉器官接收到这些丰富多彩的信息之后，自身的各种能力，诸如视觉、听觉、触觉、味觉、嗅觉、想象力和思维力等都会得到发展。所以，用科学的方法逐渐让孩子在“玩”中不知不觉学到知识，对感觉统合的发展是很有必要的。

感觉统合的发展

每个儿童都不可能达到完美的感觉统合能力。也就是说，感觉统合功能的发展在个体上是存在差异的，而这种差异主要体现于感觉统合能力的高低。有些儿童的感觉统合功能可能发展得快，而有些儿童相比之下可能

会慢一点儿。随着年龄的增长，这种差异就会逐渐体现出来，甚至会越来越大。这就直接导致了感觉统合功能发展较慢的儿童在日常生活中出现这样或那样的问题，如做事拖沓、胆小内向、注意力不集中、好动、挑食等，让家长和老师很是头疼。

但同时我们也要明白，人在刚出生时就具备了感觉统合的基本能力，一直到生命结束都在进行着感觉统合的过程，而这种过程所经过的基本程序是相同的，它是一种自然而有规律的发展。作为家长，则有必要了解感觉统合发展的主要过程和基本原则，这样才能给孩子营造一个适当的发展环境，使其更多地接受环境信息的刺激，并主动积极地探索环境，从而让身体和大脑的相互协调得到锻炼，使感觉统合功能发展得更加完善。

感觉统合的发展过程

1~2 岁，是初级感觉统合阶段。这时婴儿脑重 925 克 ~1064 克，脑细胞长出许多突起，分出侧枝，形成专用的神经通道。与此相应，多种感觉经整合形成知觉。例如：婴儿能对常接触的物品和玩具形成知觉；婴儿在看到父母和听到他们的声音时，会有与平常不同的反应。动作发育方面，婴儿在 6 个月时能够翻身，7 个月时会坐，8 个月时会爬，1 周岁时会走。

在 1 岁半时，婴儿能逐渐明白一些常用词的意思。

3~5 岁，是中级感觉统合阶段。这时儿童脑重 1100 克 ~1150 克，侧枝的分枝增多，专用神经通路随感觉整合而增多，并使大脑五个语言区都发育成熟并建立联系。这个阶段的儿童应能说出 1000 多个词汇，开始具有语言能力和记忆能力，并能控制自己进行有目的的活动。这个时期是儿童语言、智力、个性形成的关键时期。

6~10 岁，是高级感觉统合阶段。这时儿童的大脑重 1150 克 ~1250 克。在这个时期，儿童已经具备了一些较为复杂的心理和行为反应，注意力、自我控制力、记忆力、语言表达等能力会有明显地提高，并且会出现一些诸如音乐、舞蹈、绘画的特长。另外，儿童左右大脑半球的功能也会出现单侧化。

在 15 岁左右，儿童的感觉统合功能基本发育成熟。这时儿童脑重 1350 克，已经近似成人的脑重 1400 克。15 岁的儿童如果感觉统合功能发展良好，那就已经初步具备了适应环境的能力，能够迎接环境带来的挑战，成人后也会比较容易形成良好的思维能力、情绪调节能力和社会交往能力。

感觉统合的发展原则

在一个生命刚刚降临时，世界对他来说是崭新的，而这个生命最初的大部分活动也只是神经系统内感觉组织过程的一部分，这就是儿童感觉统合发展最基本的组织能力。

对一个新生儿来说，周围环境对其传递的信息并不能被很好地感知和组织，所以新生儿具备看、听等感知觉，但这些感觉对他来讲却没有什么太大的作用。随着外界环境的不断刺激，这种感觉会积累得越来越多，婴儿会逐渐对各种感觉在大脑中进行组织，同时也会对某些感觉进行集中注意或者忽略，这些在外在方面就体现为行为能力、自我控制力、学习能力等能力的不断增强。

儿童感觉统合发展的基本原则有顺应性原则和内驱力原则。

顺应性原则，指的是儿童可以通过顺应性反应来组织感觉，而一切顺应性反应都应该是儿童自然而然并且独立完成的。

内驱力原则，指的是儿童可以用相当大的内驱力在环境中进行感觉统合的发展，他们会自发地不断进行尝试，一直把事情做到自己满意为止，这也需要家长给孩子提供适当的环境条件。感觉统合训练原则的相关内容会在本书第四章做出详细的介绍。

感觉统合的发展与学习能力的关系

儿童学习能力的强弱决定着他在校园环境中是否优秀，并且关乎其成长中的发展状况，而学习能力的强弱和感觉统合的发展也是息息相关的。我们知道，感觉统合是大脑和身体一起协作，由人体各方面共同完成而发挥作用的。只有感觉统合发展良好，才能发挥儿童的学习才能。

儿童在日常生活中通过眼、耳、口、鼻和各种感觉器官来接收外界环境中的信息，并将其传入大脑，再经由身体协调完成一系列的动作来对环境做出反应，这也是学习的必要过程。如果我们在学习过程中无法接收经由眼睛或耳朵等器官传来的信息，那一定会非常吃力，事倍功半，造成很多不必要的麻烦。

在人类大脑中，有一种“运动企划”能力，是指当我们要做出某种动作时，就必须对自己的身体与环境之间的关系做出全盘考虑，并订出计划，逐步实施。而感觉统合的练习就来源于这种“运动企划”。它会让儿童对接下来要完成的动作做出正确的判断，从而使儿童的身体学习得到更完善的发展，这也是儿童学习能力的基础。

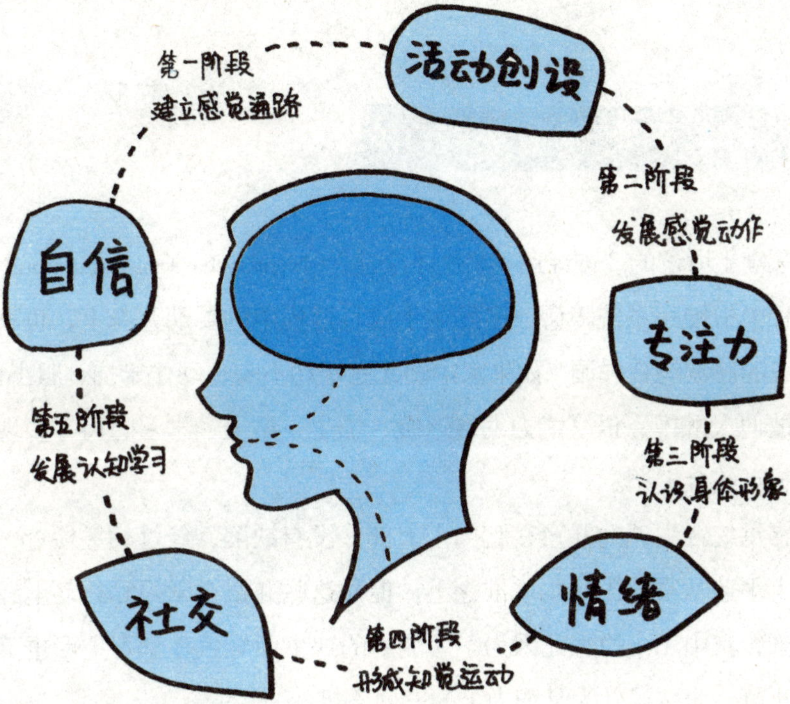

如果儿童在肢体和重力感觉方面有很好的感觉统合，那他可能会发展成为舞蹈家或运动员；如果儿童在眼和手之间有着良好的统合和协调，那他可能会发展成为艺术家或技术工人。

作为家长，若对感觉统合的发展有清晰的认识，就会及早发现孩子可能存在的问题，对孩子的特质会有较理性的判断，对孩子的未来发展也会做出较为稳妥的筹谋。所以，感觉统合作为一个新生概念，对家庭教育有着举足轻重的作用。

感觉统合失调的表现

医学上所谓的“神经运动机能不全症”（Neurobehavioral Disfuction,NBD）是一种中枢神经系统障碍，多发生于成长过程中的婴幼儿身上，也就是我们常说的感觉统合失调。如果家中幼儿有好动不安、动作笨拙、胆小害怕、讨厌被他人触摸、语言能力发展迟缓、怕生、黏人、学习障碍等表现，就属于感觉统合失调。

感觉统合失调的儿童在智力上大部分没有缺陷，经过相关检查，甚至智力水平还常常处于平均水准之上。但是这些儿童在学习和行动上经常会有困难，其中 1/4 的患儿因为学习能力的缺失而导致在学习上严重落后于同龄儿童，而被误以为是智力上的发展不足。

感觉统合失调如果症状轻微，则通过常见的智力测试、脑波检查或官能检查等很难发现儿童的异常。如果症状较为严重，这些孩子则会表现出颈部僵化、扭曲或倾斜的状态，这在医学上被称为“紧张性颈反射神经运动机能不全症”。这些孩子对于周遭的种种刺激性反应的抑制力不足，从而导致个体的平衡感发展缓慢，身体也因此不能做出适当的反应，尤其是注意力和感知能力经常不能集中。

其实，感觉统合失调的儿童也会在一些言行举止的细节处表现出来，家长可以通过细心观察自己的孩子来进行判断。

无法确定惯用手

生活中大部分人都是右利手，也有少部分是左利手。一般孩子在 3 岁左右时会发展出优势的惯用手，进而用这只手来完成诸如拿筷子和汤匙、用笔和剪刀、投球或将玩具递给别人等一系列动作。如果左右手混乱使用，则会影响孩子运动协调能力的发展。左利手的孩子通常右脑更为发达，左脑成长趋缓，但应该顺其自然，而不应该强制其改变。因为强制性的改变容易引起混乱，从而影响孩子的感觉统合能力。

吃饭时，饭粒撒得到处都是

因为感觉统合失调，这些孩子唇部及其周围的肌肉张力不强，不能很好地完成咀嚼动作，所以在吃饭时经常把饭粒撒得到处都是。同时，这些孩子在吹泡泡糖时也会感到很吃力。另外，将食物送入口中还需要儿童手和嘴互相配合完成一系列的动作，所以手拿筷子或汤匙动作不协调也会导致撒饭粒的现象。此外，这些孩子舌头的协调性也不好，所以在发音时比较僵硬，时常遇到困难。

作为父母，可以从孩子生活中的细微处进行观察，如经常观察一下孩子用舌头去舔唇边或上下唇的动作是否协调。如果孩子不能很好地完成这些动作，可以在他的唇边涂上一些果酱或是蜂蜜等甘甜可口的食物，以帮助孩子练习使用舌头，加强舌头的灵活度。

无法掌握倒水的技巧

感觉统合不良的孩子在进行倒水的动作时也经常会遇到困难。例如，将水壶中的水倒入杯子中时，儿童需要判断两个物体之间的空间关系。做这个动作时，不仅要用眼睛观察水壶壶口和杯子口之间的相对位置，还要掌握好水壶在倒水过程中重量的改变。所以不仅手眼要协调，还要控制好肌肉的收缩。虽然这只是一个简单的动作，但对于感觉统合失调的孩子来说难度却相当大。

剪指甲时容易紧张

很多孩子小时候都讨厌甚至是害怕剪指甲，但是大多数人都会学着去忍耐、去适应。然而仍会有一些孩子一直害怕甚至发生异常状况，这就是我们常说的触觉防御过当的现象。同时这些孩子还可能特别讨厌剪头发、洗头发、洗脸、洗澡等，这些都是触觉学习不足所引起的。

正常的孩子在成长过程中也会特别讨厌做某些事情。但是随着年龄的增长或多次重复性学习，这种抵触情绪会逐渐改善直至完全消失。可对于防御性过强的孩子而言，这些习得的经验并不能帮助他们加强适应。如果勉强他们进行练习，则常常适得其反。

无法对东西进行正常排序

因为视觉空间判断能力有所缺失，感觉统合失调的孩子在排列东西，如整理桌椅时常常会遇到困难，将方向弄错。鞋子穿错左右脚，玩具无法回归原位，扣扣子有困难等都是常见现象。

听写测试有困难

感觉统合失调的孩子在进行听写练习时经常遇到困难，漏字、漏段或是不能像同龄孩子一样跟上速度，这都是因为他们对于听到的声音信息无法进行实时了解，故而反应较为迟钝和异常。

做数字排列游戏时，也经常会弄错数字的顺序，例如可能将数字 7 后面的 8 漏掉，而直接跳到 9。

走路不协调

因为固有平衡能力或前庭平衡发展不全，感觉统合不佳的孩子在走路

时也不协调，具体表现为平常总是爱一蹦一跳的，害怕站在高台上，上下楼梯也时常遇到困难。这些孩子一般只能在平坦的路面上行走，而不敢走田间小路，泥泞不平的地面会让他们不知所措。如果路上遇到障碍物，他们也不能顺利跳过或跨越。走在倾斜的路面或较陡的坡面上时，感觉统合不佳的孩子也显得笨手笨脚。这些都是因为运动协调能力不足所导致的。

此外，感觉统合不佳的孩子在走路时不像同龄的孩子一样喜欢和人手牵着手走，这些都反映了他们在触觉方面的防御过强。

感觉统合正常与感觉统合失调的比较

感觉统合是学习能力发展和身体各个部分协调运作的前提，这是一个复杂的过程。一旦儿童的感觉统合出现问题，将会给他以后的学习生活、家庭生活等带来诸多不利的影响。接下来，我们就从以下几个方面来对感觉统合正常与感觉统合失调做出比较。

组织协调方面

感觉统合正常的儿童，在其感觉器官受到外界环境的刺激后，大脑对传来的这些刺激会很好地进行组织处理，并根据这些信息做出及时有效的反应，进而形成一系列行为和活动。这同时也是儿童感觉统合功能的最终体现。而感觉统合失调的儿童，大脑不能很好地胜任这种组织协调能力，只能发挥出这种能力的很少一部分，从而导致他们的思维和动作无法完整划一。

例如，当感觉统合正常的儿童处于炎热的环境中，他们的大脑通过皮肤感受器接收到外界温度过高的信号时，就会积极地形成如何解决这种情况的思维，从而再给身体各个部分下达行为命令，以寻找降低温度的办法，如减少衣物、找东西来降温等，或者是另外寻找一个温度适宜的场所。而感觉统合失调的儿童对温度的感觉不是很灵敏，严重者甚至感受不到高温，进而无法给大脑传递相关的环境信息，阻碍大脑做出决断。有的儿童可能感觉器官正常，但大脑的功能却出现问题，这也同样无法产生相应的行为活动来避免环境中的异常因素。

检索分析方面

儿童在日常生活中要面临的外界环境复杂多样，所以身体各个感受器会接收到很多的刺激信息。但他们的大脑不会对如此多的刺激信息都一一做出反应，而是由前庭觉来负责过滤，从而检索分析出最为关键、最为有用的信息，并传递给大脑，以便做出最为及时、有效而又准确的反应。

例如，当家长给孩子准备一桌饭菜时，感觉统合正常的儿童会对这些饭菜进行观察，并将信息传递给大脑，大脑会对各种各样的饭菜信息进行检索分析，然后把这些饭菜定性为哪些是自己曾经吃过的，哪些是自己从没有尝试过或很少吃的，哪些是自己喜欢吃的，哪些看起来很好吃，等等，进而形成食用某一样饭菜的动作。而感觉统合失调的儿童面对这种情况就会显得有点儿不知所措，同时挑食、偏食、厌食等也是感觉统合失调的重要表现。

综合信息方面

婴儿刚出生时，就开始对这个世界进行感知。随着年龄增大，这种感知能力会变得越来越强，不会仅限于用眼睛看或用耳朵听，而是运用多种感觉途径共同配合来完成对外界环境的感知。而人体各个感觉器官的分布却是独立的，它们只负责完成各自的功能，呈现出分散、局部的特点。这时就需要感觉统合来对各个感觉器官的信息加以整合，从而实现把事物作为一个整体来统一地进行认知。在日常生活中，感觉统合正常的儿童对这种能力运用得比较好，而感觉统合失调的儿童则普遍较差。

我们可以拿幼儿认识妈妈作为例子来进行说明。幼儿在认识妈妈的过程中，会用鼻子来闻妈妈身上的味道，用眼睛来看妈妈的外貌，用耳朵来听妈妈的声音，用手去触碰妈妈的脸颊和皮肤。这样充分调动起各种感觉器官来获取信息，再由大脑对其进行综合，从而对“妈妈”的意义有一个整体的认识。然而，感觉统合失调的儿童在对某一个事物进行认知时，并不能对身体各个感觉器官传来的消息进行完整的综合，这就会导致这类儿童很难正确地认知环境中的事物，出现理解上的偏差。

保健调节方面

儿童的感觉统合若是发展良好，就能很好地适应内外环境，产生胜任、满足等有利于身心健康的感觉，调节机体的各项功能，促进全身整体的健康发展。这也是感觉统合在保健调节功能上的体现。

在日常生活中，儿童会因为种种原因产生一些负面的情绪反应，如害怕、紧张、恼怒、嫉恨等，这些都是很自然的。但感觉统合正常的儿童在有过几次负面情绪的体验后，再面临同样的状况，他们就会很快地从记忆中找出相应的解决方法，从而把自己的心态和情绪重新调节到稳定正常的状态。而感觉统合失调的儿童常常会有很大的情绪波动，对自身情绪的控制力很差，家长和老师对其的管教也会显得很无力，同时还会伴有思维和动作的迟钝现象。

对感觉统合正常和感觉统合失调有一个深入的了解和比较，有助于我们更好地理解儿童，从而帮助儿童克服感觉统合上的困难，顺利成长。

感觉统合失调的原因分析

据调查显示，在患有感觉统合失调的儿童中，重度者约占10%，轻度者约占34%。而在近些年来，越来越多的儿童在感觉统合上出现问题。由此可见，感觉统合失调是一种“现代疾病”，更确切地说，它是一种“城市病”。

引起感觉统合失调的原因主要有下列因素：胎位不正、早产或剖宫产、爬行不足、过早使用学步车、活动空间太小、父母过分溺爱、独生子女缺乏群体生活，等等。概括来说，就是先天因素和后天因素都可能导致感觉统合失调，而后天的生活因素则占了很大一部分。

身为父母，有必要了解儿童感觉统合失调的原因，从而对自己的教育理念和方法做出调整，为孩子营造一个合适的生活环境，并及时地采取一些措施来避免孩子的感觉统合出现问题。

先天因素

前面说过，感觉统合的发展从胎儿时期就已经开始。所以，女性怀孕后，其自身的状态就可能会影响到孩子的感觉统合发展。尤其是工作忙碌、缺乏休息的孕妇，她们可能在办公室一坐就是一天，这样的工作压力和心理压力可能导致胎位不正，从而使胎儿的先天平衡能力不足。另外，一些准妈妈也有很多不健康的生活习惯，如抽烟、喝酒、熬夜等，这些同样会给胎儿的大脑发育带来严重影响，造成其脐带毛细管及微血管的萎缩，导致氧气和养分供应不足，从而妨碍儿童后天的感觉统合。还有，如果孕妇存在年龄较大、难产缺氧、分娩时间较长或过于仓促、胎盘脱离过早、吸盘助产、剖宫产综合征、出生缺陷等问题，都会导致胎儿脑损伤或脑功能失调，甚至会出现残疾，使其日后的成长过程中出现生理和心理问题，影响感觉统合的过程。

另外，如果家族中有人曾经患有神经疾病或精神疾病，或有学习障碍以及过敏中毒史等，都有可能使儿童患上感觉统合失调的风险提高。

其他的先天因素还包括神经化学物质传递异常、维生素缺乏、内分泌腺功能失调、低血糖等。

都市化因素

在城市中，人们大多居住在单元楼里，生活空间较为狭小，不能给儿童充足的活动空间，没有摸爬滚打这些活动，对儿童的平衡感发展很不利。而我们赖以使用的空调和暖气，则剥夺了儿童对寒冷炎热的感受，影响其触觉学习。更严重的是，儿童从小就缺乏玩伴，很多孩子本来就是家里的独苗，在这样封闭的生活环境中更是很少和邻居接触，导致儿童缺乏人际交往能力，影响其社会性发展，严重者会在心理上孤僻成性，懦弱、忧郁。

另外，城市生活的人口密集、社会关系复杂、变迁迅速、环境污染等特点也会让儿童感到不适应，给孩子的感觉统合带来消极的影响。

家庭因素

随着近些年来离婚率的不断攀升，儿童在家庭生活中的幸福感直线下降。有些儿童甚至整日要面对父母的争吵和打骂。在这样的生活环境中，儿童极易出现心理问题，常常伴有情绪失控、爱攻击他人的情况，并会出现焦虑和恐惧的心理状态，更严重的可能会患上饮食、睡眠、呼吸、排泄等方面的疾病，甚至出现精神和人格上的问题。

与之相对的，父母对孩子过分地溺爱也会影响儿童的感觉统合发展。过分溺爱会让儿童缺乏锻炼自我的机会，什么事都由父母来代劳，失去自立能力。当他们踏入校园而离开父母的环绕时，就会立刻变得不适应集体生活，心理上出现失落感和焦虑感，产生厌学的情绪。同时他们在家庭中养成的以自我为中心的心理也很难让他们与别的儿童友好相处，这样容易导致对立、仇视、自卑、嫉恨的不健康心理。

教育因素

学校和家长的教育方式也影响着儿童的发展。不少儿童从幼儿园开始就被迫承受巨大的学习压力，缺乏应有的室外活动的时间。等他们再长大一点，就要面临升学这一压力。而在不少老师眼里也只有“升学率”这三个字，从而给学生安排了超量的学习任务，把孩子弄得身心俱疲。这样也有可能会使儿童患上感觉统合失调，并有多动症、人格扭曲等问题出现，严重者还可能发展成为情绪问题儿童、自闭症儿童。

作为家长，要改变自己不切实际的过高要求。父母对孩子的期望越高，孩子所面临的压力也就越大。过早教育、过度教育并不符合儿童身心发展的自然规律，对孩子的成长也没有好处。

了解了儿童感觉统合失调的原因，也就可以更多地理解孩子，找到其出现问题的症结所在，从而为孩子的健康成长创造一些有利的条件。

第二章 了解你的孩子：最基本的三大感觉系统

前庭系统、触觉系统以及本体觉系统是人体的三大感觉系统，其他的还有听觉、视觉、嗅觉、味觉等。要想发展儿童的感觉统合，就必须对各个感觉系统的功能有一个全面的了解。当儿童某个感觉系统出现失调现象时，家长就可以及时发现并采取相应的措施，防止问题进一步恶化。

前庭系统及其掌管功能

前庭系统是人体平衡系统的重要组成部分。它具有特殊的感受器，能够接受适宜的刺激，经前庭神经把刺激信息传入相应的脑干内的前庭神经核以及小脑，经过与其他感觉信息（如视觉信息、其他本体觉信息）的整合、加工等处理后，再经多条神经通路把这些信息传送到脑内更高层次的中枢，进行高层次的加工处理，甚至形成主观意识，或经一定的神经通路传送到运动神经核（如动眼神经核、脊髓前角运动核等），从而做出特异性和非特异性的功能反应。人的前庭系统可分为三部分：外周前庭系统、前庭中枢处理系统和运动输出系统。

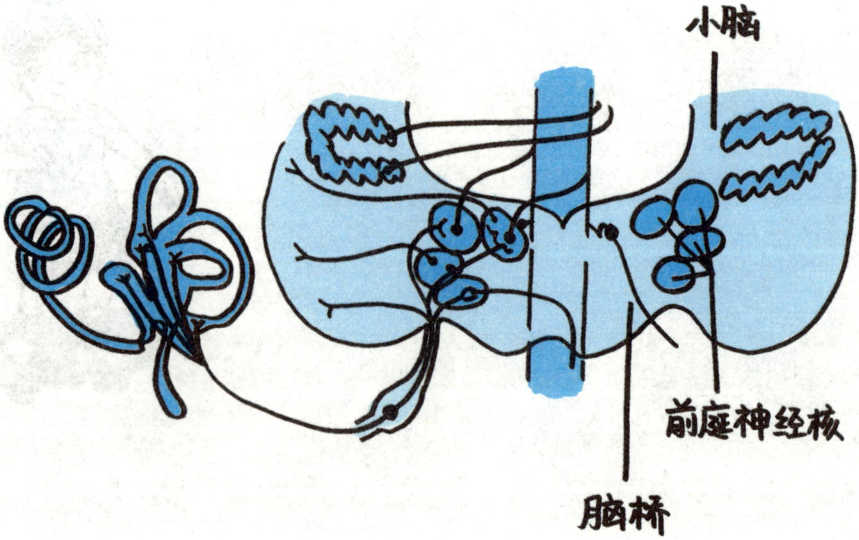

前庭系统是大脑功能的保护神

在人体大脑后下方的脑干后面，有一个叫作前庭神经核的微小雷达式感应器官，而由它所组成的神经网络就是前庭觉。人学习时主要通过眼、耳、口、鼻等感觉器官来接收信息，而这些信息都必须经过前庭神经核的过滤，才能传入大脑，并使人体对所处的环境有一个具体的了解和把握。这就是前庭觉起到的主要作用。

由于前庭觉是大脑感觉、运动觉的信息处理中心，所有外界的信息都要经由它传入大脑，而且大脑半球单侧功能分化和运动协调也都要依靠脑干部前庭觉来发挥功能，所以前庭觉对人类大脑有着至关重要的作用，是大脑功能的保护神。

同时，前庭觉还对外界输入的信息有过滤、整理和统合的作用。这样信息经过轻重缓急的调整后，就不会给大脑造成太大的负担，让大脑和身体得到更好的协调。

前庭系统的发展与颈部支撑力

由于新生儿的头部占身体的比重较大，所以颈部承受的压力也很大。如果婴儿的颈部支撑力不足，就可能影响其前庭系统的发展。

一般情况下，婴儿出生 1 个多月时，他们的颈部支撑力就会得到初步的发展，可以支撑头部做一些简单的动作。但是，如果婴儿在母亲体内的胎位不正或胎位变化不足，就会阻碍其颈部支撑力的发展。另外，剖宫产的婴儿在出生时由于颈部关节刺激信息不充足，也会导致其出生后的颈部活动能力变差。

婴儿出生 2 个月后，家长可以对孩子进行一些颈部训练，例如用玩具或声音吸引他的注意力，从而让他活动颈部进行观察；另外，婴儿越早出现翻身的动作，说明其颈部力量越强，所以家长也可以帮助孩子多做一些翻身的动作，这样其颈部张力都能得到锻炼。

7~8 个月的婴儿，大脑中枢神经逐渐成熟，就可以做出坐和爬的动作了。这个时期要注意的是，爬行时期是婴儿颈部活动最多的阶段，充足的爬行对前庭系统和大脑功能的发展有着很大的作用。

前庭系统与平衡感

平衡感是人体前庭系统掌控的，主要的功能是侦测地心引力，帮助人对方向感和距离感做出正确的判断。当儿童进行户外活动时，他们通常会调整头部倾斜的位置，以此来维持身体的平衡。而当他们不慎跌倒时，平衡感也能帮助他们做出及时的反应来保护自己免受伤害。

由于前庭系统正好位于身体倒三角形架构的上方（也就是头部），这也是平衡感上面最不平衡的地方，所以前庭系统必须与平衡感相互协调，正确理解视听信息和身体之间的正确关系，才能做出应有的行动。这就是所谓的前庭平衡功能。

当婴儿还处于母亲体内时，平衡感就开始发展了，孕妇怀孕期间的胎位变动就与胎儿的平衡感息息相关。婴儿出生后，平衡感还会通过平躺、翻身、坐、爬、站立等一系列动作来继续进行发展，这也为婴儿日后的行为能力奠定了基础。

研究表明，儿童的注意力也与前庭平衡能力有关。如果儿童在学习方面跟同龄孩子比起来显得笨拙，而且经常不听从指挥，就可能是前庭平衡出现了问题。例如，有些儿童在小时候进行一些简单的学习，像数数、看图、认字、背儿歌等，常常会有注意力不集中的现象，这就会导致以后的学习效果很差。

前庭系统与运动企划

在第一章里我们已经对运动企划做了简单的介绍。在人类大脑运作过程中，左脑和右脑的功能是分化的。人体各种感觉器官所收集到的信息，经过与已有经验的有机结合后，发展成为左脑思考力的基础。但运动企划与左脑的思考力没有关系，它是由右脑管辖的前庭系统所掌控的。

人体一切富有计划的行动虽然是以左脑思考力作为基础的，但这种行动同时也会被已有经验所限制。但是，运动企划却与之不同，它是在大脑接收环境信息后的一瞬间，依据实际需要所做出的最直接的反应。虽然这种反应也具有计划，但这种计划却是一种新的、非常直接的、不受已有经验限制的计划，它具有潜意识的特性。所以，运动企划能力是儿童创新能力的来源，关乎儿童身体里面潜能的大小。

我们可以用儿童学习行走来对运动企划做一个说明。

当儿童刚开始学习爬行时，他们通常是用双手在地上进行摸索，同时两眼观察着周围的环境，通过眼睛和手的协调作用做出下意识的行为反应。这个过程就体现了运动企划的作用。而且，前庭系统也会在此时得到快速的发展。

当儿童能够站立时，由于其头部位置所处的高度发生了变化，所以前庭系统向大脑传达的信息也会随之改变。这时，儿童的前庭系统需要重新适应这样一种新的高度信息，然后对自己的行为做出适当的调整。在这个过程中，运动企划也会进入更高的发展阶段。

当儿童已经学会走路时，身体灵活度也会逐渐增强，这时他们会试着做出一些更复杂的行为动作，如吃饭、喝水、主动索要东西等。这个时候，儿童的运动企划已经发展得较为成熟，前庭系统对环境的掌握能力也有了长足的发展。

前庭系统发展失调的表现

前庭系统发展失调的儿童常常令家长和老师感到头疼。在家里，他们站无站相、坐无坐相，而且挑三拣四、爱发脾气、好动不安，一刻也静不下来，甚至还会产生攻击行为。同时，这类儿童还会出现拿东西不稳、语言表达困难等问题。在学校，前庭系统发展失调会导致学习能力差、人际关系不良、注意力不集中、上课爱做小动作、缺乏自信心、不愿与他人分享、喜欢爬高上梯等问题，而且这类儿童不愿意服从老师，爱接老师话茬儿，破坏课堂纪律，自己不爱学习还要影响他人。

此外，前庭系统发展失调还会给儿童成长带来很多问题和烦恼，它表现在多个方面。

空间感不良

前庭器官位于人的内耳，包括半规管、椭圆囊和球囊，是人体运动状态和头在空间位置的感受器。人体之所以能持续不断地感受到重力，便是因为前庭系统不断地将感觉信息传递给大脑，帮助眼睛和身体其他感觉器官做出相关的感觉判断。

在人体众多感受器官中，前庭接收器是最为敏感的。当人做出行走、扭头等动作使头部空间位置发生轻微变化时，前庭感觉接收器里的碳酸钙晶体就会离开原来的位置，改变前庭系统的传达流程，做出相关的调节反应。而当人体做跑步、蹦跳等剧烈活动时，头部空间位置会变化得更快，那么前庭接收器的反应就会表现得更加明显。

只有当身体和重力感之间协调得比较好时，儿童才能拥有良好的空间感。前庭系统发展失调的儿童，常常无法判断视觉空间，缺乏空间透视感，不能很好地掌控距离和方向。当他们处于人多嘈杂的地方，如商场时，常常会迷失方向，以至于跟丢父母；进行阅读时，也会出现颠倒顺序、前后倒置的问题；在学习时，这类儿童经常会把数字、字体或偏旁部首写反；与小朋友做集体活动时，也容易与他人发生碰撞，因为过于靠近别人而不能友好相处。

大脑调节能力不足

当儿童做原地旋转的动作时，其前庭体系中的网状组织会迅速发挥其调节作用，使大脑一直保持一种适度清醒和警觉的状态，这样才不至于出现摔倒的情况。当儿童的前庭系统发展失调时，大脑调节功能就不能很好地发挥作用。这类儿童大多做不了转圈的动作。除此之外，还会出现好动不安和注意力涣散的症状。

身体协调性差

前庭神经向身体各个部分传递信息的方式是通过脊髓椎体神经体系实现的，并且以此来传达肌肉收缩和肢体运动的指令。随后，肌肉和关节的信息也会重新反馈给前庭神经和小脑。

由于这个原因，前庭系统发展失调的儿童在协调方面的功能往往很差，甚至会妨碍感觉统合的过程。在生活中，这类儿童走路常常会摔倒或者撞墙，做一些活动也会显得很笨拙。严重者甚至会对行动产生恐慌和抗拒的心理，这会造成感觉信息输入的严重不足，给身体的协调能力带来更大的影响。

视觉功能减弱

前庭系统发展失调的儿童，他们的前庭器官不能及时、准确地向大脑传达感觉信息，对头和身体的方向感不是很灵敏。这类儿童的眼睛很难持续注视一个移动的物体，而且在眼睛由一个点移动到另外一个点时也会很吃力。同时，他们的眼肌和颈肌上的信息处理也会发生问题，如眼球不能以平稳移动的方式盯住新目标，而是以跳动的方式完成，这常常会使儿童很难掌握球类运动，阅读和画画也会受到影响。

影响大脑功能分化

在正常情况下，人体大脑是分工进行合作的：大脑左半球负责掌管右半身，大脑右半球负责掌管左半身。每一脑半球的纵面，在功能上也有层次之分，原则上是上层管下肢，中层管躯干，下层管头部，如此形成上下倒置、左右分叉的微妙构造。在每一半球上，又各自分区为数个神经中枢，每一中枢各有其固定的区域，专门形成大脑分化而又统合的复杂功能。

在婴儿 6~7 个月时，右脑就逐渐产生了主动响应环境的语言及运动协调能力，婴儿的学习能力也在此时开始发展。在 18 个月后，这种能力会获得显著的提升，语言、生活等能力也会呈现直线上升的趋势。随后，左脑在感觉、经验以及身体的相互作用下，逐步地发挥出思考的功能。在儿童 3 岁时，左脑功能才会发展得较为成熟。如果这时儿童的前庭系统发展失调的话，将会给左右脑的功能分化带来严重的影响。

例如，儿童在学习走路时，他们需要用眼睛观察周围环境，考虑手脚如何协调完成走路的动作，而这一行为需要身体各个肌肉组织和前庭器官进行良好的沟通联系，需要具有高度的平衡能力和成熟的协调能力。这个学习的过程能锻炼儿童的注意力，促进第二层大脑感觉统合的语言能力、运动协调能力的发展，同时这也是促进左右脑功能分化的重要过程。而前庭系统一旦失调，儿童学习走路将会变得非常困难，那么左右脑也就不能很好地进行功能分化，从而给儿童带来注意力不集中、情绪不稳定、动作协调性差等诸多问题。

前庭系统发展失调的具体表现

①重力平衡不稳定，平衡感明显不良。

②运动企划能力差，甚至无法正确、有效地操控肢体。

③出现双侧协调障碍，不能很好地控制左右手做交叉活动。

④不能双手或双脚合并做相同的动作，如同时举高双手，双脚并拢向前或向后跳跃。

⑤词汇体系发展欠缺，使用词汇常常出现错误，词句组织短且混淆。

⑥无法与之进行理解性的沟通，有模仿对方语句和鸡同鸭讲的现象。

⑦摄食能力不良，表现出不想吃东西或吃起来无法自制。

⑧一旦看不到或听不到，就会表现出恐慌的情绪。

⑨头部动作太多，引发懒惰或不安乱动的现象。

⑩十分厌恶音量较大的声响和尖锐的声音，伴有惊慌情绪。

⑪不喜欢被人碰触脸部，不喜欢过于拥挤嘈杂的环境。

⑫不能在站立时保持安定姿势，容易摔倒。

⑬做舞蹈和律动游戏时很困难。

⑭特别喜欢或者特别讨厌黏土、泥浆、沙、水等。

⑮口腔周围肌肉发展不良，口齿不清，容易流口水或掉饭粒。

触觉系统及其掌管功能

触觉，是指分布于全身皮肤上的神经细胞接受来自外界的温度、湿度、疼痛、压力、振动等产生的感觉。触觉感受器是遍布全身的。皮肤就是一种触觉感受器，它分布于人体全身，并依靠表皮的游离神经末梢感受温度、痛觉、触觉等多种感觉。

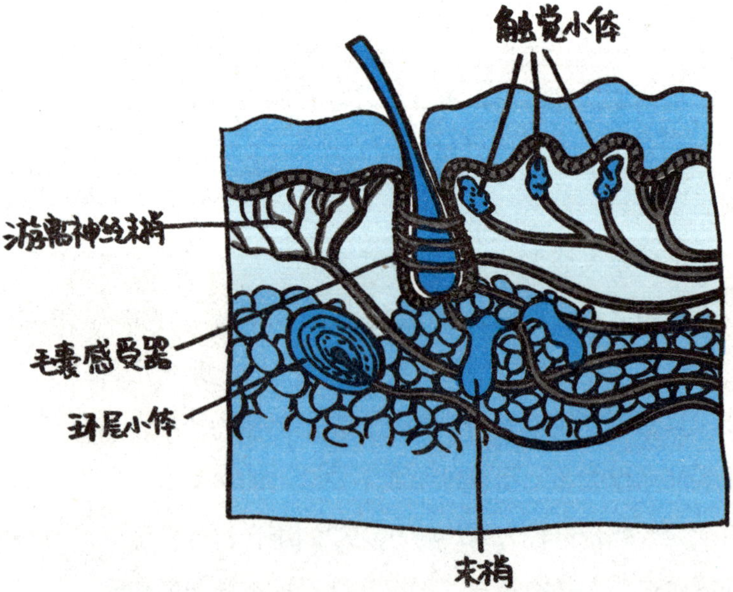

触觉系统的早期发展

胎儿在母亲体内时，手心、脚心和生殖器官的感觉就发育得比身体其他部位要敏感许多。但是，有些孕妇由于不良生活习惯或生活状态，常常会造成胎儿脐带萎缩，给脐带中原本就非常狭小的血管带来更大的负担，阻碍其运送氧气和养分。这会导致胎儿脑细胞无法健全发展，给孩子日后带来触觉敏感或触觉迟钝的问题。

新生儿在产妇分娩的过程中，会体验到生命中第一次强烈的触觉。这个时候，新生儿的眼睛还未睁开，耳朵还没有听到声音，但身体却率先感受到了来自产道的挤压刺激。伴随着这种最具爆发力的触觉，婴儿全身的感觉细胞和感觉神经同时与大脑记忆区进行强有力的互动，这是感觉系统发展很关键的一步，对孩子日后的感觉统合发展也大有裨益。而通过剖宫产出生的孩子，在脱离母体的过程中对这种挤压刺激的感觉很弱，甚至没有。这使得这类孩子的触觉发展比自然生产的孩子要欠缺很多，长大后也更可能面临感觉敏感的问题——当身体感受到非常轻微的触觉时，都可能产生害怕退缩的心理，并表现出强烈的抗拒反应。

新生儿的触觉系统是非常敏感的。当外界温度较低时，他们就会以哭闹来表达心中的不满和不安。而当外界温度较高时，新生儿的反应就远远没有在低温时那么强烈，呈现出“喜热不喜冷”的特点。另外，新生儿对疼痛的感觉也是非常敏感的。在新生儿接受包皮环切手术时，会心率加快、血压上升，并伴随着异常强烈的哭闹，在术后很长时间都表现出痛苦的反应。

针对新生儿触觉系统很敏感这一特点，家长可以多和婴儿进行身体上的接触。当婴儿受到抚摩时，常常会注视着家长，并会露出微笑的表情。这些接触不仅有利于婴儿的触觉系统发展，也会给婴儿带来安全感。

触觉系统与神经体系

触觉对于人体的健康有着举足轻重的作用。而且值得一提的是，人体的神经系统和皮肤之间有着十分重要和密切的联系。在生命初期，处于母体子宫中正在发育的人体胚胎由三层特殊的细胞组成：第一层（中胚层）

将形成肌肉和骨骼；第二层(内胚层)将形成人体内脏器官，如胃、肠和肺等；第三层(外胚层)将形成人体神经系统和皮肤。因此，人体的皮肤与大脑是由同一组织分化出来的，皮肤可以看作人脑的外层，或是人脑的延伸部分。皮肤极其丰富的触觉感受器就是最有力的证据。

所以说，儿童触觉系统的灵敏程度将会直接影响大脑的辨别能力、身体的灵活度和情绪的发展。外界温度的起伏、身上衣物的改变、摄入食物的多样化，都会给儿童带来丰富的触觉体验，促进其神经体系功能的不断完善。

触觉系统与学习能力

人类和其他动物最大的区别之一是具有很强的学习能力，而这种能力和触觉系统是分不开的。人体大脑最原始的学习，是通过看、听、嗅、触以及重力感的输入，而在这些感觉信息中，人体所接收的触觉信息是最多、最复杂且分布最广的。人体皮肤上有数百万计的感觉末梢，每一小块皮肤都与另一小块皮肤不同，而且每一小块皮肤上感觉器官分布的数量也不同。从肌肉关节乃至全身皮肤，每时每刻都会产生无数的触觉。另外，由于人体皮肤薄、体毛少，所以对环境中的刺激信息有着很强的分辨能力，呈现多元化和复杂化的特点。这对人的学习能力起着至关重要的作用。此外，触觉也和大脑中的思辨能力、分析及关系组合能力有很大关系。

触觉系统与情绪的发展

在生活中，触觉对儿童的情绪、性格的发展有很大的关系。人体的大脑从初生阶段就开始感受到多种多样的触觉体验，并且能够对这些触觉刺激进行细腻的辨识和记忆，进而产生独有的对待某一触觉的反应和情绪。例如，遇到挫折时，有的儿童会保持身心轻松，坦然面对；有的儿童会全身躁动，产生愤怒的情绪；有的儿童则会因为反应迟钝或记忆不深刻而重蹈覆辙，长期陷入混乱、自卑等负面情绪。

触觉系统运作失调的表现

人体对触觉的反应有两种：一种是防御性的反应，就是单纯地保护自己免受伤害的自然反应；另一种就是识别性反应，是大脑进行的精密触觉辨识的反应。而触觉系统运作失调，会直接影响大脑对环境的认知和应变能力。这通常表现在以下几个方面。

触觉敏感和触觉迟钝

触觉敏感，就是所谓的“触觉防御过强”。触觉敏感是一种脑神经轻微发展不全症。由于越来越多的孕妇选择剖宫产，以及各种食物添加剂的使用，导致了触觉敏感儿童的群体不断增加。而皮肤敏感度过强、触觉过于敏感会让大脑对感觉信息的统合发生问题，传递给大脑的信息往往会出错，使机体不能有效运作，导致错误的判断和行为。

触觉敏感的儿童对于生活中很多的触觉刺激都不能接受，尤其当他们接受新的触觉刺激时，更会表现出强烈的无法适应的现象。这是因为这类儿童对于新的触觉体验非常恐惧，对某一固定的动作和反应显得特别执着，而不愿意做出改变。

在生活中，触觉敏感的儿童过于依赖父母、老师，不喜欢接触陌生人，讨厌喧闹拥挤的地方，自信心不强，不喜欢别人触碰他，也不喜欢触碰别人，而且对于任何新的学习都表现出排斥的情绪。这类儿童会特别钟爱某种特殊的感觉，这会让他们养成偏食、喜欢吸吮手指和触摸生殖器等不良习惯，并时常做出一些令人无法理解的行为。在社交方面，触觉敏感的儿童与同龄人接触时，常与别人发生争吵，人际关系较差，导致很少有儿童愿意同其玩耍，从而产生孤独的心理；在睡眠时，触觉敏感的儿童也会因为无法适应触觉的变化而容易频繁地醒来；在运动方面，这类儿童不愿意接受一些户外的运动方式，运动量会大大减少。其他一些具体的表现还有：不喜欢吹风扇（风会吹拂其体表的汗毛进而产生痒的感觉），不喜欢裸露身体，特别抗拒洗脸、洗脚和剪头发，习惯用指尖拿东西，等等。

与触觉敏感相对，儿童也会产生触觉迟钝的现象，也就是“触觉防御不足”。这类儿童对环境中一些细微的触觉刺激很难准确地感知，做出的反应也比正常儿童要慢很多，而且显得比较笨拙。由于他们大脑的分辨感觉能力较弱，导致发音不顺畅，缺乏自我意识，不能很好地保护自己，学习东西比正常孩子困难得多，理解能力和观察能力也会随之下降。

触觉敏感和触觉迟钝现象可能会在儿童身上有多重的表现，给生活和学习的方方面面带来意想不到的阻碍，严重影响儿童的健康成长。

大脑动荡不安

触觉系统运作失调，也可能会给儿童带来轻微的脑功能失常。这类儿童的大脑对于外界传来的所有触觉信息都有不正常的反应，大脑长期处于一种动荡不安的状态。他们的注意力通常难以集中，还会伴有坐立不安、焦躁好动的现象。另外，他们也不愿意和家长、老师进行沟通，并时常违背家长、老师的意愿，因此容易受到各种批评，进而使他们更加感到不安，形成一个恶性循环。

当这种大脑动荡不安的情况发展得较为严重时，儿童就会习惯性地对环境中任何触觉刺激都表现出不愉快的情绪。久而久之，他们的大脑皮质层就很难接收到新的学习信息，只会做出一系列失调的处理。这类儿童也会因此只拘泥于熟悉的事物，拒绝对已形成的触觉信息做出调整，以求通过这种方式来减轻自己内心中的不安。同时，在这种现象的驱使下，旧的触觉信息会被不断地加强巩固，所以这类儿童也特别黏人，喜欢被亲人接触，对一些偏爱的熟悉的感觉表现出强烈的依赖性，容易产生不良的生活习惯。

对于这类孩子，家长应该首先意识到批评和打骂是无法解决问题的，儿童之所以会有这些失常的反应，不是他们愿意这样做，而是他们根本无法控制自己的情绪，归根结底是因为触觉系统发生问题而导致的神经系统协调不良，所以家长千万不要对孩子实施过激的教育手段。

出现学习障碍

触觉系统失调与触觉学习不足有很大关系。如今，大多数家庭都能用上空调、暖气，而这些电器的使用实际上剥夺了儿童的触觉学习机会，无法体验到温度变化带来的触觉刺激。另外，大多数家长不愿意让孩子经受风吹日晒的考验，所以儿童难以接触到复杂的环境条件。再加上儿童外出活动量的减少，以及缺乏不同口味的食物和不同材质的衣服，会让儿童产生触觉学习不足的问题。

但是，学习能力的基础来自丰富的触觉学习体验。触觉学习不足的儿童，他们的学习能力会因此受到影响，不能顺利运用触觉经验来帮助学习，导致在学习的过程中面临很多阻碍。

触觉系统失调与自闭现象

自闭症也属于触觉系统失调，但自闭症所衍生出来的问题，远超过单纯的触觉失调现象。

据研究显示，触觉系统失调确实有可能引起轻微的自闭现象。这类自闭儿童对感觉层次的分辨能力比较弱，但由于他们的大脑仍可以正常接收外界的信息，所以也具备一定的学习能力。他们的大脑分辨信息的能力却非常与众不同：对于传来的信息只会有选择性地接收其中一部分，而其他的信息则完全拒之门外。这种特点令人十分困惑和惊讶。所以，对于绝大多数的触觉刺激，这类儿童都不会有明显的反应。可是一旦遇到特定的触觉刺激，却又会表现出非常强烈的行为反应，而且这种反应兼具极度敏感或极度迟钝的特点。

值得一提的是，这些有轻微自闭现象的儿童虽然学习能力不佳，但可能会非常聪明，这些聪明的孩子在他们感兴趣的方面，通常学得比同龄孩子还要出色。

本体觉及其掌管功能

本体觉是指肌、腱、关节等运动器官在不同状态（如运动或静止）时产生的感觉。因产生位置较深，又称深部感觉。此外，在本体感觉传导通路中，还传导皮肤的精细触觉，如辨别两点距离和物体的纹理粗细等。本体觉可分为三个等级。一级：肌肉、肌腱、韧带及关节的位置感觉、运动感觉、负重感觉；二级：前庭的平衡感觉和小脑的运动协调感觉；三级：大脑皮质综合运动感觉。

本体觉是一种自觉或不自觉地感受肢体空间位置的感觉，它主要包括关节位置的静态感知能力、关节运动的动态感知能力和肌肉收缩反射、肌肉张力的调节能力。关节位置的静态感知能力、关节运动的动态感知能力主要反映本体觉的传入活动能力，而肌肉收缩反射和肌肉张力的调节反映了本体觉的传出活动能力。

说得通俗一点，本体觉就是对自己身体的一种整体感觉，儿童可以通过这种感觉对身体进行操控。本体觉就好像存在于我们大脑中的一幅感觉地图，有了它，即使不能听、不能看，我们也可以对全身有一个准确地掌握。例如，闭上眼睛，我们依然可以用手准确地指出鼻子、耳朵、嘴巴等器官所在的位置；上下楼梯时，我们不用刻意去注意脚下，也不会出现踩空的现象；驾驶汽车时，我们可以一边观察前方道路的情况，一边控制双脚踩离合、踩刹车；当夏季蚊虫叮咬时，我们可以准确判断出叮咬的位置并进行驱赶。这些行为的完成都依赖于本体觉。

本体觉的形成

每个人出生时本体觉并不发达，需要在前庭系统和触觉系统都发展正常的情况下，本体觉才能顺利发展。所以，儿童后天的本体觉训练很关键。通常情况下，本体觉的形成从婴儿时期就开始了，这个时期婴儿的翻身、滚动、爬行都会培养其本体觉，所以家长不要让孩子过早地使用学步车，以免造成爬行不充分，也不要整天抱着孩子，剥夺其自由活动的机会。等孩子长大一点，拍球、玩滑梯、跳绳、踢毽子、打羽毛球等活动也可以对本体觉起到强化作用。

家长应该多让孩子自立生活，及早养成独自吃饭、洗漱、上厕所、做家务等好习惯，这对本体觉的形成很有好处。相反，让孩子花费过多的时间看电视、看书、画画，则会阻碍其本体觉的形成。另外，有的孩子爱吃手，从一开始吃自己的拳头，然后又吃手指，从 4 根逐渐减少到 3 根、2 根、1 根，这也是儿童本体觉形成的表现，家长不宜进行过多干涉。

本体觉的发展

本体觉发展的重要基础是人体的关节信息。婴儿在刚出生时除了受到强烈的触觉刺激以外，身体各处的大小关节信息也在和大脑皮质及中枢神经发生强烈的联系。关节信息可以操控全身大小肌肉进行活动，让我们在不依赖视觉的情况下也可以了解头、颈、脊背、臀部、双脚的肌肉情况和活动方式。若是缺少关节信息，会导致身体各部分的肌肉群难以健全和成熟，那么像拿笔、用筷子、操控玩具等都会显得比较吃力，严重者连吃东西的颌骨运动都会变得不灵活，说话所需的舌头转动也不能满足。这些情况还会影响到整个身体的稳定性和灵活度，阻碍身体和大脑之间的互动，对于本体觉的发展很不利。

为了增加孩子的关节信息，家长可以在婴儿出生后的前六个月，对婴儿的全身关节进行按摩，加强大小肌肉和双侧协调活动。重点的活动对象是颈部。这些措施有利于孩子的肌肉发展，加强孩子的本体觉。

本体觉与运动能力

研究显示，儿童的运动功能再获得（运动中所消耗的能量以及所降低的身体机能在运动后一段时间内不仅恢复到原有水平，而且会超过原有水平，这种现象称为运动功能再获得）的固有规律是：感觉输入（外力协助）→本体感觉输入（无外力协助）→运动模式标准固定→多次或超量标准重复运动→在大脑皮质建立运动功能区→运动功能再获得。由此可以看出，如果没有本体觉的输入，儿童就不能具有运动功能再获得的功能。

另外，儿童手眼的协调性、双侧的协调性以及身体所有感官的自然协调性发展都依赖于本体觉，本体觉对儿童的运动能力有着至关重要的作用，一切运动技能都建立在本体觉的基础上。

在运动中，儿童借助本体感受器感知每一动作中肌肉、肌腱、关节以及韧带的缩短、放松和拉紧的情况，为大脑皮质运动行为进行复杂的分析综合创造条件。如果儿童的本体觉较为良好，那么对肌肉运动的分析能力、运作时间的判断能力就会很强，自然也会拥有出色的运动能力。

本体觉整合失调的表现

有些儿童吃饭、写作业或无论干什么都比别人慢半拍，应该认真学习时却总是爱玩，自觉性和自制力都很差。家长和老师会误以为是儿童的做事态度有问题，因此只是一味地逼迫孩子，但收效甚微。其实，这些状况也许并非孩子故意，很可能是本体觉整合失调引起的，家长需要对儿童进行正确的生理和心理训练，才能改变这种状况。

下面，我们来了解本体觉整合失调都有哪些表现。

出现非顺应性反应

非顺应性反应是个体要实现的特定目标超出了合理的范围，并且发出的目的性动作也无法达到目标的不正常反应。

当儿童活动遇到阻力时，会收缩肌肉来进行反抗，这一举措对促进本体觉输入中枢神经系统有很重要的作用。在日常生活中，重力一般是儿童遇到的最大阻力，所以儿童会加强对颈肌的收缩，这就是一种顺应性反应。如果儿童的本体觉整合失调，就常常会出现非顺应性反应，如解衣服纽扣费时又费力，在抓取物品时不能控制手部力量的大小，容易损坏物品，等等。

学习能力低下

本体觉对高度复杂化的神经应变能力起决定性作用，掌控着人体各器官的协调运作。如果本体觉整合失调，就可能严重影响儿童的学习能力，进而打击儿童学习的积极性，产生挫折感。

本体觉整合失调带来的学习问题是由于身体各器官协调不良导致的，主要有以下几种类型。

对肌肉控制不良：儿童身体的活动几乎都靠肌肉伸缩来帮助完成。手指肌肉控制力较差的孩子在写字绘画时效率非常低，而且写出来的字也不工整，画画的线条也是歪歪扭扭的。口腔肌肉控制力较差的儿童容易出现语言障碍，嘴唇、舌头和声带都不是很灵活，所以会在说话时口齿不清，令人难以理解。

手和眼睛协调性差：手和眼如果不协调，那么输入的视觉信息通过手部动作的反应就会存在偏差，眼睛看见的和做出来的往往不一致。具体表现在写作业时常常抄错数，抄写课文时也经常颠倒。因为照着抄也会出错，所以这类孩子经常受到家长和老师严厉的批评，学习兴趣也会大大下降。

手和耳朵协调性差：与手眼不协调类似，手和耳朵不协调会导致儿童听到的和做出来的不一致。例如，听老师布置作业时，常常记错或者漏记；在听写词语时，会出现各种各样的问题；家长反复叮嘱的事情总是不能顺利进行，等等。

身体和大脑协调性差：这类儿童的身体往往不受大脑的控制，常常会无意识地做出一些动作，让人摸不着头脑。在上课时，经常会做一些小动作，身体不时地扭来扭去，一刻也安静不下来。

大脑的信息传送混乱

本体觉要想发展得较为成熟，大脑和身体神经体系之间的信息传送就必须准确且畅通无阻，这是做出正确行为反应的前提。而本体觉整合失调的儿童，大脑对信息的传送经常混乱不堪，所以不能对信息做出很好的归纳整合。这一现象在传递高度信息和速度信息时十分明显，以至于大脑对外界环境的理解严重失常，所以这类儿童不能胜任一些强度较高的室外活动，具体的表现有以下几个方面。

①不能很好地对高度进行把握，身体高度变化时常常会出现紧张性迷路反射（又称前庭脊髓反射，是由于头部位置及重力方向发生变化时，中耳迷路感受器受到刺激，经延髓前庭核、前庭脊髓束传到脊髓束，产生躯干、四肢肌张力发生变化的反射），导致慌乱紧张的心理，并伴随大喊大叫的现象。

②做活动时躯体和四肢显得十分笨拙，常会不知所措、焦躁不安。

③讨厌仰躺的姿势。

④当身体处于一种高速的运动状态时，常出现对称性的紧张性颈反射，导致全身僵硬。

⑤在站立时，大腿以下肌肉常常难以伸展或弯曲。

⑥在坐电梯、坐摩天轮等令空间不稳定移动的活动时，会出现全身僵硬、无法动弹的现象。

错误的本体觉将会使儿童的动作行为严重失常，令儿童产生挫折感，失去自信心，进而生成恼怒和沮丧的情绪，形成一个恶性循环。对待这类儿童，最好的办法是加强身体信息反应，给大脑创造更多辨别和修正本体觉的机会。

引起大脑学习不足的表现

①出现异常的姿态反射，姿势和动作显得十分不自然。

②由于颈部张力不足导致头常常往一边歪斜，站无站相，坐无坐相。

③看书时容易跳字跳行，眼睛容易疲劳发酸。

④在进行认知学习时很困难，尤其对数学的学习显得很无力。

⑤无法控制自身的情绪，常常与别人发生矛盾。

⑥有伤害自己或伤害他人的暴力倾向。

⑦自律神经（人体中无法用自我意识控制的神经体系）受阻，严重者还会导致癫痫病发作。

本体觉整合失调的具体表现

①上下楼梯时显得特别紧张。

②在玩耍时经常碰伤或撞伤。

③眼睛看不到时，就无法完成正确的动作。

④身体缺乏一些无意识的行动。

⑤头部的空间位置变化时，身体的反应显得很迟钝。

⑥不能胜任一些精确性要求较高的动作。

⑦无法融入新的环境。

⑧学习上出现错误后还会一错再错。

⑨对方向和信息来源的判断经常出现失误。

听觉功能

听觉是声波作用于听觉器官，使其感受细胞处于兴奋并引起听神经冲动，经各级听觉中枢分析后引起的感觉。具体的形成过程为，外界声波通过介质传到外耳道，再传到鼓膜。鼓膜振动，通过听小骨放大之后传到内耳，刺激耳蜗内的纤毛细胞（听觉感受器）而产生神经冲动。神经冲动沿着听神经传到大脑皮层的听觉中枢，形成听觉。

听觉在人的生活中具有举足轻重的作用，它是仅次于视觉的重要感觉通道。另外，听分析器是人体除了视分析器以外第二重要的远距离分析器。当我们把眼睛闭上时，就能把外界的视觉信息完全阻隔在大脑之外。但听觉不同，它所获取的信息往往会自动进入大脑的潜能记忆区，因此对人的潜意识有着很重要的影响，在人的心理方面也能产生很大的作用。所以，听觉属于人体潜意识的领域。

听觉的发展

听觉的发展始于胎儿时期。在孕妇怀孕 5 个月后，胎儿的听觉系统就已经开始发育了。这时，胎儿在子宫里接触到的第一种声音就是母亲的心跳声和血液的流动声，而且没有杂音的干扰。这些声音可以直达胎儿的潜意识层次，这是一种来自母性的安全温暖的标志，会让胎儿感到非常舒服和愉悦，促进胎儿听觉系统的健康发育。所以，孕妇在这个时期对胎儿实施听觉教育再合适不过了。

婴儿的音辨能力产生于出生的一刹那。婴儿在脱离母体过程中会受到强烈的挤压，这对听觉的接收架构有着非常重要的作用，甚至对其以后的乐感能力都有长足的影响。

在新生儿出生几天后，其音辨能力就可以达到一个惊人的层次，这种能力是日后学习说话、发展语言能力的重要基础。新生儿可以分辨很大一部分声音，如从低音到高音和高音到低音的两组音，也能区分出两个音节和三个音节的不同声音。和一些纯音乐相比，新生儿更喜欢聆听成人说话这种复杂的声音。另外，由于新生儿未出生时已经对母亲的声音有了长久的接触，所以对母亲的声音特别敏感，他们甚至能将母亲的呼唤和别人的区分开来。举个例子，当婴儿哭闹的时候，母亲进行安抚就能很快安静下来，而别人无论怎么哄都收效甚微，这就是婴儿音辨能力的体现。

另外，新生儿也会试图寻找接收到的声音，产生对声音的定向反应。例如，如果有人在新生儿耳边轻轻呼唤时，他们会慢慢转动眼睛看向声音来源的方向。但如果对新生儿说话不温柔、声音强度过大时，他们也会产生抵抗的情绪，并会用哭闹来表达内心的不满。

等孩子再长大一点，家长要注意观察他们对声音的喜好。一般来说，儿童比较喜欢敲打的声音，所以会经常拍手、拍桌子，甚至胡乱拿东西作为敲打的工具，这种声音对儿童听觉系统有着良好的刺激，然而大多数家长却总是阻止孩子这样胡闹。其实，家长应该充分利用孩子喜欢的声音，去提高他们对声音的认知能力。同时，还要让孩子去聆听声音大小、长短、高低的不同，还有动物叫声、流水声等各种不同音色的声音，这将会提高儿童对声音的敏锐度，对儿童听觉的发展有很好的促进作用。

听觉与语言的学习

当婴儿成长到 7 个月左右时，音辨能力就会逐渐成熟。婴儿不会仅仅局限于用耳朵去听，还会逐渐调动起唇、舌、声带和口腔的肌肉进行共鸣。这时，婴儿会发出“咿咿呀呀”的声音，这是他们听到大人说话后进行的模仿，并不是毫无用处的。在经过一年的听力学习后，幼儿就能清晰地说出一些词语了。

在幼儿咿呀学语到熟练掌握语言的过程中，听觉一直扮演着非常重要的角色。例如，家长与孩子沟通时，说话的抑扬顿挫感能带来更好地沟通效果，而过多的表情和肢体动作并不能起到太大作用。还有，当幼儿在家看电视时，虽然还不能理解电视中的内容，但这并不影响他们看电视的兴致，有时还会有模有样地跟电视中的人物进行交谈，这同样是因为听觉得到了满足。

如果儿童听觉受阻的话，将会给语言的学习带来意想不到的困难。同时，儿童潜意识的分辨能力也会受到干扰，所以会变得焦躁不安，不能静下心来，影响儿童情绪的发展，注意力也会随之下降。

听觉的七大效应

①掩蔽效应：是指一个较弱的声音会被一个较强的声音所影响的听觉现象。

②双耳效应：是指人耳对于外界声音方位的辨别特性。

③颅骨效应：是指声音通过颅骨传导入耳的现象。

④选择效应：是指我们的耳朵可以单独选择一种声音聆听的功能。

⑤回音效应：是指在一个声场里，我们看不到声源，但是却能听到声音的现象。

⑥多普勒效应：当一列鸣笛的火车经过一个人时，鸣笛的声音会由高变低，频率高时，声调就高；反之，声调就低。这种现象就是多普勒效应。

⑦哈斯效应：是指在时间差 50 毫秒以内，人耳朵无法辨别出两个来自同一声源的同一声音的方位，先听到的那个声音，人们就会认为是全部声音来自那个方位。

视觉功能

视觉是光作用于视觉器官，使其感受细胞兴奋，其信息经视觉神经系统加工后产生的感觉。人通过视觉来感知外界物体的大小、明暗、颜色、动静，获得具有重要意义的各种信息。据统计，至少有 80% 以上的外界信息经视觉获得，所以视觉是人最重要的感觉。

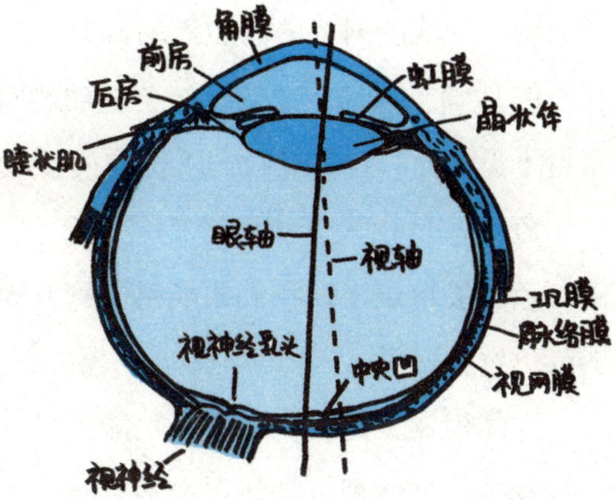

视觉发育不良的孩子，通常阅读能力不强，不能流利地看书，经常漏字漏行。写字时经常颠倒偏旁和部首，甚至会提笔忘字。在计算方面也不擅长，对数字的变化不敏感。

视觉的主要功能

有很多家长常把儿童视力的好坏作为衡量眼睛功能的标准，认为只要视力好了，眼睛就没问题。其实，这种理解是不对的，视力只是视觉功能的一部分，视觉功能有形觉、光觉、色觉和立体视觉等多个方面。

形觉，是人辨别物体形状的能力。形觉的产生首先取决于视网膜对光的感觉，其次是视网膜能识别出由两个或多个分开的不同空间的刺激，通过视中枢的综合和分析，形成完整的形觉。形觉包括视力，也就是我们通常所说的分辨力和视野等。形觉是生活中最基本、最直观的功能，但同时也最容易受外界环境条件的影响。

光觉，是可见光穿过角膜、晶状体、玻璃体在视网膜上被感光细胞吸收后产生一系列复杂的化学变化，将其转换为神经兴奋，并通过视神经传至大脑，形成的对光的感觉。所以光觉就是视网膜对光的感受能力，也是视觉的基础。同时，光觉还与夜视功能有关，光觉功能不足的人，晚上通常看不见东西，也就是我们所说的夜盲症。

色觉，是指人分辨颜色的能力，是人类视网膜锥细胞的特殊感觉功能。色觉发育正常，我们才能感受到五颜六色的世界。否则，将会引发色弱或色盲。

立体视觉，是视觉的高级功能。具有这种立体视功能，眼睛才能辨别三维物体。立体视觉是建立在两只眼睛视力正常的情况下，在具有同时知觉和融合基础上的一种较为独立的双眼视功能。弱视、斜视的儿童常常影响正常立体视觉功能的形成。

视觉的发展

婴儿刚出生时，视觉能力很弱，几乎为零。此时他们只能勉强分辨单纯和强烈的光线与颜色，如黑色和白色以及大色块或简单的图形。

从出生到 1 个月期间，婴儿对颜色和光线的分辨能力快速发展，逐渐能够分辨红、黄、蓝三原色了。这时，他们对颜色的感觉也开始敏感起来，喜欢观察各种不同的颜色，但不喜欢灰色调的东西。

3 个月时，婴儿可以分辨出同一种颜色的深浅了。同时，如果家长把一个物体与婴儿的面部靠得太近时，婴儿会担心物体碰到他而保护性地闭眼。在形状方面，3 个月的婴儿可以分辨出大人脸部表情的变化，并且喜欢观察人脸，这是因为婴儿大脑中枢有一个部位能够对人脸图案做出积极的反应，这种特殊的能力会帮助婴儿及早地认识妈妈，并与之建立起亲密的关系。

到 7 个月左右时，婴儿的视力会发展到成人的 20%，对眼前 20 厘米~38 厘米的事物基本都能看得清楚。而这个距离正好是妈妈给婴儿哺乳时两者脸部之间的距离，所以这对妈妈哺乳很有帮助。在光线方面，婴儿会对特别亮的光或运动的物体感兴趣，能操控眼球追着面前发光的东西或运动的物体进行观察。

3 岁之后，儿童双眼的焦距就稳定下来了，这是视觉发展成熟的重要标志。因为人有两只眼睛，所以拥有两个视觉。在两眼左右旁边视觉不重合的地方，叫作周边视。而在两眼中间视觉互相重叠的地方，就叫作中心视，也就是我们所说的焦距。儿童双眼视觉神经以及视觉肌肉的成熟是焦距稳定的重要基础。焦距稳定后，儿童视觉的清晰度才能达到成人的高度，此时儿童逐渐拥有阅读的能力，注意力也会因此得到提升。

如果焦距不稳定，儿童的中心视就不能完全协调成一个影像，影响儿童看东西。所以，在 3 岁以前，家长最好不要让孩子进行认字等太过累眼的活动，给孩子看的东西应该大一点、简单一点，否则会对儿童的眼睛造成损害，得不偿失。

另外，由于两眼视觉肌肉和视觉神经从眼皮、眼眶附近开始，顺着眼尾和后耳一直连接到听觉肌肉和听觉神经，再由耳下方一直倾斜向后颈部，在后颈头盖下方进行交接。所以，颈部肌肉和颈部神经对视觉的发展也是极其重要的，幼儿时期充足的爬行和张望行为将会促进颈部肌肉神经组织的发展，家长千万不要忽视。

嗅觉、味觉功能

嗅觉，是位于鼻腔顶部的嗅觉感受器（嗅黏膜）的嗅细胞受到某些挥发性物质的刺激后产生神经冲动，冲动沿嗅神经传入大脑皮层而引起的感觉。

嗅觉能力是指人对于气味物质的嗅觉敏感度。不同人之间具有很大的差别，有的人甚至严重缺失嗅觉能力，通常我们称这种症状为嗅盲。嗅觉能力受外界条件影响比较大，当人体患上感冒、鼻炎等疾病，或者环境温度、湿度和气压变化较大时，都会降低人体嗅觉的敏感度。

味觉，是有味物质刺激口腔内的味觉感受体，然后通过一个收集和传递信息的神经感觉系统传导到大脑的味觉中枢，最后通过大脑的综合神经中枢系统的分析，从而产生相关感觉。

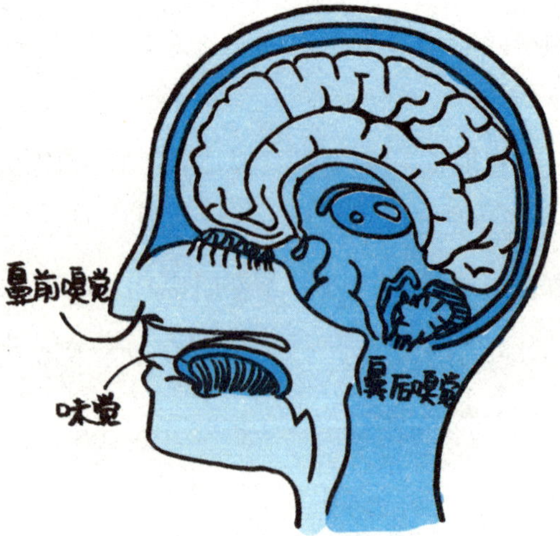

味觉器官位于舌头中间、舌根、舌尖以及舌头两侧。不同的味觉有着不同的味觉感受器，帮助人体识别酸、甜、苦、辣、咸五种基本味道。

嗅觉和味觉之间会整合和互相作用。嗅觉是通过长距离感受化学刺激的感觉，所以嗅觉是一种远感。相比之下，味觉就是一种近感。嗅觉和味觉器官是我们身体内部与外界环境沟通的两个出入口。因此，它们都担负着一定的警戒任务。在营养方面，人体也要依靠嗅觉和味觉协同活动，通过分析器的分析对不同的食物做出不同的反应。

嗅觉影响识别能力

嗅觉器官是人体感觉神经最多，也是最复杂的器官，在人类进化史上有着非常重大的作用。它帮助原始人类寻找食物和水源，并识别环境中的危险信号来保护自己。所以，嗅觉能力较好的儿童，通常判断力和敏锐度也比较强，能够更好地适应环境的变化。而且他们的大脑会随着气味的波动运作，提高记忆区的反应能力。如果儿童的嗅觉不是很敏感，那么大脑会因长期缺乏气味的刺激而变得迟钝，注意力和记忆力也会因此下降。

刚出生的婴儿，嗅觉能力就已经发展得相当好了，他们能够辨别气味并做出反应。甜味和奶香味会使新生儿感到愉悦，而酸味、臭味等刺激性味道则会使他们感到不舒服。另外，新生儿最开始是通过嗅觉来认识妈妈的。当他们饿了，会通过嗅觉努力辨别妈妈的气味，表现出急切地想吃奶的意愿，这保证了新生儿在食物选择上的正确性。而且，新生儿特别喜欢哺乳期女性身上的气味，这种气味会给他们带来熟悉感和安全感。所以，在母亲怀里的新生儿通常会比较安静，不容易哭闹。

味觉关乎生活品质

与嗅觉一样，新生儿也具备良好的味觉分辨能力。由于婴儿最初的食物是略带甜味的母乳，所以他们对带甜味的食物特别钟情，同时排斥酸的、苦的食物。到 4 个月大的时候，婴儿开始对咸味感兴趣，这种对咸味的喜爱为日后吃辅食打下了基础。

在幼儿断奶之后，就可以品尝到各种食物，感受到各种味道带来的新奇体验，并逐渐形成味觉上的独特喜好。由于幼儿嘴巴小、牙齿少，所以刚吃东西时会比较慢。这时，家长应该让孩子一口一口慢慢咀嚼食物，这样有利于孩子更充分地接受味觉上的刺激，同时也有利于食物的消化。

味觉发展较差的儿童，就必须加强后天的味觉训练，否则将会导致厌食的问题。这类儿童在吃饭时偏食、挑食的情况也十分严重，这将影响儿童日后的生活品质和身心发育，家长万万不可小看这种问题。

第三章

发现孩子的问题：感觉统合能力测评

每个儿童都有自己的个性特点，所以每个感觉统合失调儿童的具体症状也会有所不同。因此，对儿童的感觉统合能力进行一个科学、准确的测评是很有必要的，这样就可以清楚地认识到孩子的长处和短板，从而根据具体情况做出有针对性的改善措施。本章介绍了一些日常生活中儿童的行为习惯，家长只需认真比对观察即可测评孩子的感觉统合能力。另外，家长还可以利用感觉统合教具进行有关测评，用“观察＋操作”的方法更准确地发现儿童感觉统合的问题。

儿童感觉统合发展测评

美国加利福尼亚大学爱尔丝博士曾设计了一套感觉统合核对表，表中提供了一些日常生活中具体的项目以观察儿童的行为，以此评定儿童的感觉统合发展情况。其他一些方法还有 JAMP（适用 2 岁 ~ 6 岁，用时约 40 分钟）、TPA 语言学习能力诊断检查（适用 3 岁 ~ 8 岁 11 个月，用时 60 到 80 分钟）、专业视知觉发达检查（适用 4 岁 ~ 8 岁，用时 30~40 分钟）。但如今应用最广泛、最被认可的还是爱尔丝博士发明的感觉统合测评方法。

爱尔丝博士发明的这种日常临床观察法应用起来很方便，只需对儿童日常生活中的行为认真观察即可，不需要其他特殊的工具。但要想取得较好的测评成果，还必须要求实施观察的人具有一定的专业知识。如果观察者缺乏专业知识背景，则常常会因为主观因素而做出错误的判断。

事实上，从开始对感觉统合进行研究，到现在只有短短 30 年时间，可以说仍处于草创阶段。但如今专家们普遍认为爱尔丝博士测评感觉统合能力的方法是比较科学和实用的，由家长对孩子的行为进行观察记录，然后再由有经验的治疗师去分析，从而对孩子的整体情况做出一个正确的判断。

感觉和感觉神经的测评

触觉测评：感觉统合正常的孩子，对别人的触摸并不会排斥，并且能够准确说出被触摸部位是哪里。给他一个物体让其接触后，也能够准确地判断出该物体的形状。而触觉防御较强的儿童遭受别人触碰后常常表现出厌恶甚至害怕的心理，同时他们也不喜欢凑热闹，不愿意往人多的地方去；触觉反应迟钝的孩子，对周围环境刺激的反应并不是很充分，例如不知道冷热，对疼痛感的反应不足，等等。

前庭感觉测评：感觉统合不良的儿童容易产生眩晕感，尤其玩一些类似旋转木马、荡秋千的游乐设备，会感觉眩晕，所以比较恐惧这类游戏。情况更严重的，甚至连看都不能看。测评时可以让孩子在原地进行旋转，然后使用仪器观察其眼睛震动的时间，在 5~30 秒是正常的，低于或高于这个时间的都可能是感觉统合出现了问题。

味觉和嗅觉测评：家长可以提供给儿童一些味道特别重的辛辣食品，感觉统合正常的儿童会表现出特别喜欢或者是特别排斥的反应。而感觉统合不良的儿童在面对一点点特别的气味时，就会出现头痛、恶心等症状，情节严重者甚至会有呕吐现象。这类儿童在日常生活中也常常会有挑食、偏食和厌食的毛病。

视觉测评：测试儿童的视力是否正常，以及对形状、位置、方向的辨别能力。家长可以让儿童进行写字或画画，观察其手眼协调是否良好、眼睛容不容易酸痛。

听觉测评：测试儿童对语言能力的掌握情况，包括自己的名字、生活用品的名称等；测试儿童能否运用生活常用词准确地表达出自己的意愿，如“不行”“拿

来”“再见”等；测试儿童是否了解事物的用途、属性、位置、大小及数量；测试儿童能否理解一些常用的指令，以及语言的记诵能力等。

肌肉反射运作状态的测评

肌肉紧张和颈部张力测评：家长可以让婴儿平趴着，然后在他头部上方吸引其注意。感觉统合正常的婴儿可以将头抬高张望。通常情况下，2个月的婴儿可以抬头45°左右，也能够左右转动；3个月的幼儿可以抬头90°左右，并且能够借用前臂和手肘的力量将头抬高。而感觉统合不良的婴儿由于颈部支撑力不足，很难做到抬头的动作或抬起的时间很短，这会影响大脑中枢神经系统的发育。

肌肉同时收缩测评：让儿童静坐，感觉统合正常的儿童全身肌肉会产生适度的紧缩，能够保持正确坐姿较长时间，头部和腕部也不会轻易乱动。一般7岁的正常儿童可以静坐1个小时以上，但感觉统合不良的儿童身体平稳度很低，不能控制自己的身体，喜欢乱动，或者出现全身僵硬、反应迟钝等问题。

非对称性紧张性颈反射（ATNR）测评：当儿童颈部关节受到刺激时，全身的感觉接收系统就会立刻做出必要的反应。这是一种人类最原始的反射。说得形象一点，如果把人的身体比作一列火车，那头部就是车头，颈部就是方向仪，方向仪驱使着车头对行驶方向做出及时的调整。当婴儿出生6个月后，就有能力做出这样的控制反应。控制不良的儿童，全身的运动机能都会受影响。

不随意运动测评：不随意运动发展不佳会导致儿童身体运动不灵活，四肢协调性不良，运动企划能力也较弱。家长可以通过一个游戏来对不随意运动做出测评，具体做法为：让孩子闭上眼睛，折手指唱数，从1数到10，再伸开手指从11数到20。也可以让儿童做吐舌头和收舌头的动作。

感觉统合正常的儿童能够轻松完成，而感觉统合不良的儿童做起来就会很吃力。

整体运动行为的测评

直立站姿反应测评：直立站姿反应关系到儿童平衡感和重力协调能力的成熟。家长可以让儿童站直后身体向一侧倾斜。这时，感觉统合正常的儿童眼球及内耳神经感受器会受到刺激，虽然身体已经倾斜，但头部会反射立刻还原，带领着身体回归正常姿态。

保护伸展反应测评：儿童在出生6个月左右时，就会慢慢形成一种“保护性伸展反应”的能力。这种能力是指儿童在行走和玩耍时，如果突然遇到障碍而即将跌倒的瞬间，会条件反射地伸出手来保护自己。感觉统合不良的儿童欠缺这种能力，不能对失去平衡做出及时的反应，所以常常会使自己受到伤害。

抗衡地心引力的姿势保持测评：平衡能力发展较好的儿童，能够抗衡重力并保持一个姿势较长时间。家长可以通过两个姿势来进行测评：让儿童俯卧在地，靠胸部力量支撑，双手双脚同时向上伸展；也可以背部着地，身体弯成弓形，双手双脚向上高举。一般6岁左右的儿童可以保持这两种姿势达20~30秒，自身肌肉的张力能让他们维持较长时间的平衡。如果儿童的感觉统合不良，那么做这种姿势就会很困难，坚持不了太长时间。

运动企划测评：家长可以通过以下几种活动来对儿童的运动企划做出评测。

①剧烈运动：摔跤、骑自行车、使用木锯等。

②节奏运动：单脚跳、双脚跳、跳舞、跳绳等。

③旋律游戏：运动乐器和歌曲配合着做游戏，动作要与旋律相符合。

④精细动作：切水果、系鞋带、扣扣子、穿针引线等。

⑤使用日常用具的动作：用筷子、用勺子、用剪刀等。

正常的儿童在做这些活动时效率较高，积极性也比较强。但运动企划有问题的儿童常常会显得很笨拙，不能很好地完成这些活动。

身体双侧协调测评：感觉统合正常的儿童双手协调性很好，当他们进行玩耍或做一些精巧动作时，双手之间能互相配合着来完成。而感觉统合不良的儿童双手灵活度就不是很高，这也显示出他们左右手的知觉存在问题。

中线交叉运动测评：让儿童双手越过两眼中间沿着鼻梁向下延伸的中间线去完成一些指定的动作。例如，用左手摸右耳，用右手摸左耳，观察哪只手的灵活性比较好。通常惯用右手的儿童，左脑比较发达，右半身比较灵活。惯用左手的儿童，右脑比较发达，左半身比较灵活。当一只手逐渐灵活时，另一只手也就变得比较迟钝。如果儿童到 3 岁时还未建立惯用手，就会使左右脑在发展上出现机能性反应不足的问题，影响感觉统合的健康形成。

日常生活行为的测评

穿脱衣物测评：观察儿童能否自己穿脱裤子，尤其是当一只脚着地，另一只脚弯曲离地伸进裤子时的动作是否协调；观察儿童坐着穿脱鞋时是否顺畅。感觉统合不良的儿童身体会比较僵硬，动作也比较笨拙，而且一旦感觉自己穿不好时就会立刻失去耐性；让儿童独自戴手套，观察是否会把两个手指穿进一个指套，但是自己却没有察觉到异常。这也是感觉统合不良的重要表现。

俯卧测评：感觉统合正常的儿童趴到柔软的床上或垫子上时，会感觉到很放松，身体四肢会很舒服地陷进支撑物里面去。而感觉统合不良的儿童会显得很紧张，他会用力挺起头，使脸部腾空。这是因为身体陷进柔软的东西里让他感到极度不安，于是十分渴望脱离这种不舒服的感觉。

坐姿测评：在学习时，感觉统合正常的儿童能够背部挺直在椅子上坐正，而感觉统合不良的儿童会出现弯腰驼背、两手无所适从的现象，还特别喜欢悬空椅子的后两只腿而把身体靠在桌子上。这些都表现出了儿童肌肉张力发展的不足。

其他方面的测评

家长除了在上述方面对儿童的感觉统合发展做出测评外，也可以关注一下儿童其他方面的情况，接下来就列举一些。

①在女性怀孕时，就应该了解胎儿的胎位运动，以此来判断胎儿在胎内的平衡感情况，从而对其感觉统合有一个初步的认识。

②观察幼儿能否爬行较长时间，幼儿在不断地爬行中能够很好地锻炼自己的感觉统合能力。

③了解儿童在校学习时的情况，包括上课时注意力是否集中，以及相应的学习成果。

④了解儿童在学校或与生活环境中其他孩子的人际交往情况。感觉统合不良的儿童欠缺与他人友好相处的能力，容易与他人产生矛

盾，甚至会被别的孩子视为异类。

⑤儿童放学回家后，家长要检查其能否完成老师布置的任务。感觉统合不良的儿童写作业时效率较低，常伴有挫折感，会逐渐失去耐心。

⑥大部分感觉统合不良儿童的房间、课桌很杂乱，总是无法保持干净，自己也收拾不好。

⑦观察儿童能否自己上厕所、自己买东西、自己洗漱，以及自己吃饭，等等，感觉统合不良的孩子往往自立能力比较差。

⑧儿童在生活中很任性，对事情的反应异常强烈，无法控制自己的情绪，这可能也是感觉统合不良造成的。

前庭功能发展情况测评

以下 14 个针对前庭功能发展的测评，其计分方法为："从不这样"得 5 分，"很少这样"得 4 分，"有时候"得 3 分，"常常如此"得 2 分，"总是如此"得 1 分。如果儿童有下述问题或测评的总分较低，则很有可能是其前庭功能出现了问题。

①特别爱玩旋转的凳椅或游乐设施而不会晕。

②喜欢旋转或绕圈子跑而不晕不累。

③虽然看到了，但仍常碰撞桌椅、旁人、柱子、门、墙。

④行动、吃饭、敲鼓、画画时双手协调不良，常忘了另一边。

⑤手脚笨拙，容易跌倒，拉他时仍显得笨重。

⑥俯卧地板和床上，头、颈、胸无法抬高。

⑦爬上爬下，跑进跑出，不听劝阻。

⑧不安地乱动，东摸西扯，不听劝阻，处罚无效。

⑨喜欢惹人，捣蛋，恶作剧。

⑩经常自言自语，重复别人的话，并且喜欢背诵广告语言。

⑪表面左撇子，其实左右手都用。

⑫分不清左右方向，鞋子、衣服常常穿反。

⑬对陌生地方的电梯或楼梯，不敢坐或动作缓慢。

⑭组织力不佳，经常弄乱东西，不喜欢整理自己的环境。

触觉系统发展情况测评

以下 21 个针对触觉系统发展的测评，其计分方法为：“从不这样”得 5 分，“很少这样”得 4 分，“有时候”得 3 分，“常常如此”得 2 分，“总是如此”得 1 分。如果儿童有下述问题或测评的总分较低，则很有可能是其触觉系统出现了问题。

①对亲人特别暴躁，强词夺理，到陌生环境则害怕。

②害怕到新场合，即便去了也很快就要离开。

③偏食、挑食，不吃青菜或软皮。

④害羞、不安，喜欢孤独，不爱和别人玩。

⑤容易黏妈妈或固定的某个人，不喜欢陌生环境，喜欢被搂抱。

⑥看电视或听故事容易过于感动，大叫或大笑，害怕恐怖镜头。

⑦严重怕黑，不喜欢待在空房里，时时要人陪。

⑧早上赖床，晚上不睡，上学前常拒绝到校，放学后又不想回家。

⑨容易生小病，生病后便不想上学，常常没有原因拒绝上学。

⑩常吮吮手指或指甲，不喜欢别人帮助剪指甲。

⑪换床睡不着，不能换被或睡衣，出外常担心睡眠问题。

⑫独占性强，不让别人碰他的东西，常会无缘无故发脾气。

⑬不喜欢同别人谈天或玩碰触游戏，视洗脸和洗澡为痛苦。

⑭过分保护自己的东西，尤其讨厌别人由后面接近他。

⑮怕玩沙土、水，有洁癖倾向。

⑯不喜欢直接视觉接触，常必须用手表达其需要。

⑰对危险和疼痛反应迟钝或反应过于激烈。

⑱充耳不闻，过分安静，表情冷漠又无故嬉笑。

⑲过分安静或坚持奇怪玩法。

⑳喜欢咬人，并且常咬固定的伙伴，无故破坏东西。

㉑内向、软弱、爱哭，又常会触摸生殖器。

本体觉系统发展情况测评

以下12个针对本体觉系统发展的测评，其计分方法为："从不这样"得5分，"很少这样"得4分，"有时候"得3分，"常常如此"得2分，"总是如此"得1分。如果儿童有下述问题或测评的总分较低，则很有可能是其本体觉系统出现了问题。

①穿脱衣服、扣纽扣、拉拉链、系鞋带，动作缓慢、笨拙。

②顽固、偏执、不合群、孤僻。

③吃饭掉饭粒，口水控制不住。

④吐字不清，发音不准，语言能力发展缓慢。

⑤懒惰，行动慢，做事没效率。

⑥不喜欢翻跟头、打滚和爬高。

⑦上幼儿园不会洗手、擦脸、剪纸以及自己擦屁股。

⑧上幼儿园（大、中班）仍不会用筷子、拿笔、攀爬或荡秋千。

⑨对一些皮肉之伤特别敏感，过度依赖他人照料。

⑩不善于玩积木、组装东西、排队、投球。

⑪怕爬高，拒绝平衡木。

⑫到陌生环境容易迷失方向。

智力发展测评

为了综合评定一个人的智力发展水平，心理学专家发明了有关普通心智功能的各种测验，也称普通能力测验。这些测验都是为了给人的智力确定一个范围。其主要的类型有：个人智力测验、团体智力测验、特殊人口（如婴幼儿、智力落后者、言语障碍者和身体残疾者等）用的测验以及学习能力测验等。早期的智力测验多是以个人测验的形式，这是单独评估心智功能的最好方法。大多数智力测验的主要内容是言语推理测试，如对词汇、词的异同及类比等项目进行测试，也包括一些对一般常识、数值推理、记忆以及感知技能与组织技能的测试。

下面为大家介绍几种常用的智力测验。

中国比内测验

1905 年，法国心理学家比奈和西蒙制订出第一个测量智力的量表，命名为《比奈—西蒙智力量表》。1924 年，我国心理学家陆志韦对其进行了修订，改名为《中国比内—西蒙智力测验》，适用于江浙一带。1936 年，陆志韦和吴天敏教授对其进行了第二次修订，使其适用于北方。1982 年，吴天敏教授主持第三次修订，完成了《中国比内测验》。

《中国比内测验》适用于 2 岁 ~18 岁被试者。该测验共有 51 个项目，从易到难排列，每项代表 4 个月智龄，每岁 3 个项目。在评定成绩的方式上，该测验放弃了比率智商，而采用离差智商的计算方法来求 IQ。在测验方法上，该测验必须个别施测，并且要求主试者必须接受过专门的训练，对量表相当熟悉且有一定经验，能够严格按照测验手册中的指导语进行测验。

在进行测验之前，需要准备以下材料。

①两个 5 厘米 ×8 厘米的长方形（最好用卡片纸），把其中一个剪成两个三角形。

②黑色（或灰色）纽扣 13 个。

③ 3 张卡片分别写上：桌子、饼、老鼠，汽车、工人、河，妈妈、老师、我。

④ 4 厘米见方的白纸 1 张。

⑤ 5 张卡片分别写上爱、残暴、光荣、狡猾、隆重。

⑥剪刀一 1。

⑦铅笔 2 支。

⑧橡皮 1 块。

⑨小草稿纸若干张。

⑩跑表 1 只。

⑪记录纸 1 份。

测试步骤：

①在记录纸上填写清楚被试者的简历，并签上名字。同时为了防止以

后出现情况不清的问题，还应请主试者签名。

②按照被试者的年龄从测试指导书的附表中找到相应的试题，并按照指导书的实施方法进行测验。

③指导被试者对每个试题进行测验时，要清楚、流利地说出来，切记不要张口结舌或自行编造。

④如果被试者出现连续 5 道题不通过时，则停止测验。

计分方法：

①参照试题答案进行计分，通过一题则计一分。需要注意的是，有些试题的答案是标准且唯一的，而有些试题的答案只是一个正确范围的参照，凡与之相符都可认为通过。

②将被试者答对试题的分数，再加上“补加分数”，即承认他能通过的试题分数，就可得出测验的总分。

③按照被试者的实足年龄和总分，从指导书的智商表中查到其相应的智商。（注：“实足年龄”是用测验的年、月、日减去出生的年、月、日，凡超过 15 天或整 15 天的日数按一月计，不足 15 天的一律不计。）

韦氏儿童智力测验

1949 年，美国心理学家韦克斯勒编制的《韦克斯勒儿童智力量表》出版，这是继《中国比内测验》之后使用最为广泛的智力测验工具，对心理评估和诊断产生了深远的影响，在临床心理学和学校心理学领域有着杰出的贡献。

2008 年，在北京师范大学心理学教授、心理测量学泰斗张厚粲教授主持，国内众多专家学者共同参与下，京美心理测量技术开发公司引进了最新的《韦氏儿童智力量表》第四版，并完成了其中文版的修订。

《韦氏儿童智力量表》适用的对象为 6 岁 ~16 岁的儿童，采用个别施测的方法。它包括 6 个言语分测验，即常识、类同、算术、词汇、理解、背数测试；6 个操作分测验，即图画补缺、图片排列、积木图案、物体拼配、译码、迷津测试。其中的背数和迷津两个分测验是备用测验，当某个分测验由于某种原因不能施测时，可以用之替代。完成整个测验需 50~70 分钟。

测试方法：

①测试通常先进行言语测试，然后进行操作测试。但为了维持儿童接受测试的兴趣，避免产生疲劳心理，也可以言语测试与操作测试交替进行。

②一般情况下测试要一次完成，但对于容易疲劳或动作缓慢等特殊情况者，也可以采取分次完成测试。

③对于有时间限制的项目，以反应的速度和正确性计分。

④不限时间的项目，按反应的质量给予不同的分数。

计分方法：

本测验题一律为二级评分，即答对给 1 分，答错为 0 分。被试者在这个测验上的总得分就是他通过的题数，即测验的原始分数。在原始分数转化为标准分时，需要在儿童所属的年龄组进行。

测试特点：

①该测试有 10~12 个分测验，这样不仅能使我们得到总智力水平，也可以分析出被试者智力上的优点和弱点。

②言语量表和操作量表由 5~6 个分测试组成，这样我们可以单独评价被测者的言语理解能力和知觉组织能力。

③对所有的测试和年龄组，智力的平均值为 100，标准差为 15。而且在每个分测验上，平均分为 10，标准差为 3。

④不同的年龄组之间也有相同的分测验，这样便于测试之间的相互比较。

注意事项：

①进行测试前要准备好测试的材料，避免影响测试时间。

②进行测试时要按照量表的标准程序进行。

③选择测试的时间要恰当，被试者应该保持精力充沛，身心舒适。

④尽量保持儿童在测试期间的兴趣，并多对其进行鼓励。

韦氏学龄前儿童智力测验

《韦克斯勒学龄前儿童智力量表》经北京师范大学的林传鼎和张厚粲教授修订，更适合我国儿童使用。

该量表分为言语测验和操作测验两类。言语部分设常识、词汇、算术、类同、理解 5 个分测验和 1 个背诵语句的补充题，在 6 个分测验中又各设分项，共 119 项组成言语量表。操作部分有动物房、图画补缺、迷津、几何图形、积木图案 5 个分测验，其下也设有分题，共 54 项组成操作量表。使用方法与《韦氏儿童智力量表》相同。

推理能力发展测评

在对推理能力发展测评方面，《瑞文标准推理测验》是国际通用标准。《瑞文标准推理测验》（Raven’s Standard Progressive Matrices，SPM）由英国心理学家瑞文（J. C. Raven）于 1938 年创制，在世界各国沿用至今，用以测验一个人的观察力及清晰思维的能力。

《瑞文标准推理测验》是一种纯粹的非文字智力测验，广泛应用于无国界的推理能力测试，属于渐近性矩阵图，整个测验一共由 60 张图组成，由 5 个单元的渐进矩阵构图组成，每个单元在智慧活动的要求上各不相同。总的来说，矩阵的结构越来越复杂，从一个层次到多个层次的演变，要求的思维操作也是从直接观察到间接抽象推理的渐进过程。另外，《瑞文标准推理测验》以智力的二因素理论为基础，主要测量一般因素中的推理能力，即个体做出理性判断的能力。它尽量克服知识的影响，努力做到公平，这是比内量表和韦氏量表所不能代替的。

《瑞文标准推理测验》广泛应用于教育、医学和人类学领域，在许多国家都有其修订本，拥有着重要的理论意义和实用价值。在我国由张厚粲及全国 17 个单位组成的协作组对其进行修订，完成了《中文标准推理测验中国城市修订版》；1989 年，李丹、王栋等将瑞文测验的标准型与彩色型联合使用，形成了《联合型瑞文测验》；1996 年，王栋开始了联合型瑞文测验的再修订工作，新修订版业已完成。

瑞文标准推理测验的适用对象

由于《瑞文标准推理测验》具有一般文字智力测验所没有的特殊功能，所以适用范围特别广，5 岁 ~ 75 岁的人都可以使用，甚至包括不同职业、不同国家、不同文化背景的人。另外，聋哑人以及丧失某种语言机能的病人、具有心理障碍的人也可用此来测验自己的推理能力。

瑞文标准推理测验的内容

《瑞文标准推理测验》按逐步增加难度的顺序分成 A、B、C、D、E 五组，每组都有一定的主题，而题目的类型也略有不同。从直观上看，A 组主要测知觉辨别力、图形比较、图形想象力等；B 组主要测类同比较、图形组合等；C 组主要测比较推理和图形组合；D 组主要测系列关系、图形套合、比拟等；E 组主要测互换、交错等抽象推理能力。可见，各组要求的思维操作水平是不同的，但实际操作时，任何一组题目都需要各种能力的共同合作来完成。另外，每一组中包含有 12 道题目，每个题目由一幅缺少一小部分的大图案和作为选项的 6 张 ~ 8 张小图片组成。测验中要求被测者根据大图案内图形间的某种关系，来选择小图片中的哪一张最适合填入大图案中缺少的部分。这些题目也按照逐渐增加难度的方式排列，其目的是在完成前面题目的同时，也能够对后面较难的题目产生学习效应，有利于后面问题的解答。

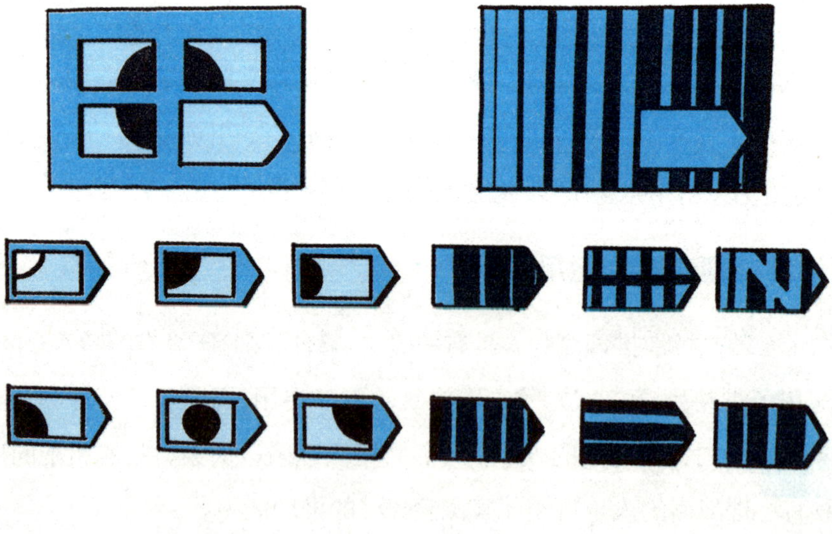

瑞文标准推理测验的使用方法

《瑞文标准推理测验》既可以用于个别测验，也可以用于团体施测。该测验没有时间要求，一般在 40 分钟左右就能完成。在个别测验时，如果记录下测试所用时间，并分析其错误的特性，还有助于了解被试者的气质、性格和情绪等方面的特点。

开始施测时，为每个被试者发放一份测量图册、一支笔和一张答卷纸。针对儿童群体测验时，主试者可以先说一些指导语来帮助儿童理解题目，并调动他们的积极性，如："小朋友，下面让我们来做一个十分有趣的练习。在做这个练习的时候，请你一定要仔细看纸上的图案，并且要认真思考哪一个小图案最适合放在哪个缺口的大图案里。老师相信你一定能够把正确的选出来，做对了老师会有奖励哦。"

在进行测试时，主试者应当时刻观察儿童的答题情况，并及时发现各种意外的状况，以免其他因素影响测验结果。如果儿童仍不知该如何作答时，应当再次实施指导，直到儿童理解为止。

瑞文标准推理测验的结果评定

记录被试者的答题分数，答对的总分转化为百分等级。下面列出智力水平分级标准。

一级：测验标准分等于或超过同年龄常模组的 95%，为高水平智力；

二级：测验标准分在 75%~95%，智力水平良好；

三级：测验标准分在 25%~75%，智力水平中等；

四级：测验标准分在 5%~25%，智力水平中下；

五级：测验标准分低于 5%，为智力缺陷。

最后，主试者也可以对被试者五个题组的得分情况进行统计，这有利于分析被测者的智力结构。另外值得注意的是，《瑞文标准推理测验》强调推理方面的能力，并非完全的智力，目前仅用于智力方面的筛选，所以不能绝对化。而且，被试者所得的分数也并非永远不会变的，它具有一定的时效性。再加上偶然条件的影响，也会令测试的结果出现偏差。

运用教具诊断感觉统合失调

感觉统合教具是专门训练儿童感觉统合能力的工具器材。通过对这些器材的应用，可以在活动过程中给儿童的前庭觉、本体觉、触觉、嗅味觉、视听觉、关节和肌肉等带来充分的刺激。而且儿童会把它当作一种玩具，能充分调动起内心的兴趣和积极性，让儿童全身感觉细胞在快乐的活动中得到刺激，让心理、身体与大脑之间获得更充分的协调，促进感觉统合的发展。

另外，我们也可以运用一些感觉统合教具对儿童的感觉统合能力进行诊断，通过儿童使用教具时的行为反应来判断是否患有感觉统合失调。下面，就为大家介绍几种运用教具的诊断方法。

运用滑板诊断感觉统合失调

滑板是公认的感觉统合训练中最具效果的教具之一。但要注意的是，感觉统合训练中用的滑板与常见的滑板有一些不同。它的板面有长方形、正方形、三角形、圆形和椭圆形等。小滑板的尺寸一般为 30 厘米 ×40 厘米，大滑板的尺寸一般为 50 厘米 ×60 厘米。

滑板训练包含了对前庭觉、本体觉、视觉的刺激：用俯卧姿势爬行移动将对前庭产生大量的刺激，还会产生俯卧时的重力感以及在行进中肌肉、关节移动所产生的紧张感；身体与滑板之间产生触压感觉，以及手部皮肤肌肉与地面接触时产生的触觉；爬姿活动时，对前庭平衡器官产生特

别的刺激，颈背肌肉强烈收缩产生本体觉信息，这些刺激将直接作用于动眼神经的内侧从束（主管眼球运动的眼部神经组织），对眼球运动的稳定性有极佳的作用，有助于良好自我视觉空间的形成。

感觉统合失调的儿童在操作滑板时，经常会出现以下几种异常现象。

（1）不敢坐在滑板上面

让儿童以俯卧或仰躺的姿态趴在或躺在滑板上，头部抬高，用两只手滑动。颈部张力比较好的孩子颈部可以挺高，用腹部做重心，双手向前后、左右等各方向变化滑行都很顺利。但颈部张力不足、前庭平衡发展不良的孩子，头部很难抬高，做这种动作便有明显的困难。也有的孩子在滑行时非常不安，滑板较难保持稳定，甚至因此不敢再到滑板上面去。这类儿童的平衡能力常有问题。

（2）滑行时常常掉下来

儿童使用滑板时，正确动作是以腹部为重心，颈部用力上提，使腹部挺起来，这样滑行起来比较轻松、容易。正常的儿童只要多练习几次，就能找到窍门，甚至也能摸索出各种姿势进行滑行。但感觉统合失调的儿童通常腹部无力，导致胸部抬不起来。一旦开始滑动，腹部就会离开小滑板，带动着整个身体由滑板上翻落。这反映出儿童的运动企划能力较差。

（3）不喜欢头和脚同时上举

让儿童仰躺在滑板上，以背部为重心，颈、手、脚弯起向上，在手和脚可以够到的位置架一条绳索，这样儿童可以用手和脚同时钩住绳索，以仰身的姿势向前。感觉统合失调的儿童在进行这种活动时，颈部无法支撑头抬起，腰部也使不上劲，导致从滑板上滑落。手和脚之间也不是很灵活，协调能力很差。这显示出儿童肌肉张力的不足，大肌肉发育不良，会导致站立、走路、坐正的姿势不正常，也容易产生焦虑、紧张的心理，缺乏自信心。

（4）双手不灵活

在滑板游戏中，无论采取什么样的方法进行训练，都要依靠双手的协调作用来实现各种动作。例如，在卧滑时，儿童双手同时着地，并收缩手臂力量，带动整个身体和滑板的重量进行滑行；在仰滑时，儿童手部必须紧紧抓住绳索，用手腕和手臂的伸缩力量滑动，这时儿童的肩部必须保持平衡，否则手腕伸缩时身体就会随之歪斜。感觉统合失调的儿童在做滑板游戏时，双手灵活度明显不高，不能很好地操纵滑板，显得很笨拙。

（5）双脚蹬墙滑行时力量不足

让儿童俯卧在滑板上，脚部挨墙，运用身体的下半部、大小腿和脚掌蹬墙，就像青蛙游泳时的样子，集中反弹力，蹬出去的力量会特别大。这种运动强调肌肉和关节之间的协调配合能力。感觉统合失调儿童的脚掌通常无法正确摆放，动作也做得不规范，因此无法产生足够的反弹力带动身体滑行，不能有效地完成这一系列动作。

（6）方向控制得不好

可以用积木或木板排列成一个通道，通道可以有各种方向变化的设定。然后让儿童卧在滑板上，凭借视觉判断通道的形态，顺着通道滑行。感觉统合失调的儿童难以在滑板上操控身体位置，方向控制得很不稳定，不能顺利通过通道。

运用大笼球诊断感觉统合失调

教具大笼球是测试孩子前庭平衡能力和重力感的重要工具，它可以增强儿童身体与地心引力的协调，丰富儿童的前庭感觉，强化身体肌肉的伸展能力。同时还可以促进本体感觉和平衡反应的发展，对触觉反应过分敏感或迟钝的孩子也有很大的改善。

家长可以通过观察儿童操控大笼球的行为反应，来判断儿童的感觉统合是否失调。

（1）不能抬头举手保持平衡

让儿童以腹部为支点，趴卧在大笼球上，然后将儿童的两脚平举，并做轻微的前后拉推。此时儿童一般能够抬头挺胸，并将手部上举，肌肉张力足以保持稳定的姿态。而感觉统合失调的儿童平衡能力不足，在大笼球上会感到恐惧，表现为头往下掉、双手紧张地扶住大笼球，身体容易僵硬，这显示出身体和重力的协调不良。而且当身体倾斜、跌倒时，也欠缺双手伸展保护的能力，身体脆弱的部位（如头部）容易受伤。

（2）头部容易晃动

让儿童趴在大笼球上，用双手压住儿童的腰部，并前后转动大笼球。这时，儿童的头部位置非常重要，能稳定地摆在正中间是最理想的。感觉统合失调的儿童肌肉张力不足，头部容易倾斜，导致身体滑落。这个游戏可测试儿童前庭平衡的发展程度。

（3）讨厌大笼球压过身体

让儿童仰躺或俯卧在地板上，然后滚动大笼球轻轻地压过他的身体，让其感受这种压迫感的触觉刺激。通常触觉防御过当的儿童无法忍受这种感觉，会产生非常强烈的情绪排斥反应。

运用旋转浴盆诊断感觉统合失调

旋转浴盆的上部与普通的浴盆相似，四周有比较高的壁，但是底部呈弧形，可以进行前后、左右摇晃和回转。儿童可以蹲坐其中，双手扶着盆沿，身体靠在盆壁上，自由放松地接受信息的刺激。这种训练对前庭感觉的输入和调整有很大的帮助，有利于平衡和姿势的健全发展；在旋转中，针对固定目标的行为，可以强化前庭—视觉间的协调，对身体位置、视觉空间及眼球转动的控制帮助较大，并可有效地养成高度运动企划的能力；俯趴的动作可以使身体的肌肉受到较强烈的刺激，强化本体觉。

如果儿童在旋转浴盆中出现以下问题，则很有可能是感觉统合失调造成的。

（1）不敢进入旋转浴盆中

正常的儿童站在旋转浴盆中，会用双手平衡的力量来进行左右晃动游戏。而平衡能力不足的儿童在浴盆中容易惊慌失措，不能维持身体的稳定，所以很排斥这种游戏，经常大声惊叫，不愿再进入浴盆中。

（2）对旋转的反应过度或反应不足

让儿童坐在旋转浴盆中，双手握住盆的边缘，然后进行旋转，看儿童能够承受旋转的程度。这时儿童的前庭运动感应器会受到大量刺激，对刺激反应过度者会马上感觉晕眩，对刺激反应过弱者则怎么旋转都没有眩晕的感觉。这两种情况都显示出前庭运动感觉有异常。

（3）不能自己操纵浴盆旋转

让儿童坐在旋转浴盆内，然后用自己的双手按着地面转动浴盆。感觉统合失调的儿童身体姿态和双手力道之间不是很协调，全身的弯曲和伸展也不自然，无法顺畅完成旋转动作。这表现出了儿童运动企划的灵活度和成熟度不足。

（4）在浴盆中不能准确接抛球

让儿童坐在旋转浴盆中，并要求他将球掷到固定的篮子内，也可以抛球让他接。在摇晃不稳的状态下，投掷需要完整的运动企划能力。而感觉统合失调的儿童对方向感和距离感的判断不是很准确，所以在抛球和接球时的准确性较差。

第四章 感觉统合训练原则

感觉统合的训练不是盲目的，而是要遵循有关原则进行科学有效的训练。感觉统合训练的原则主要有顺应性原则、内驱力原则、快乐原则、以儿童为主角原则、培养信心原则、针对性原则、兴趣性原则和循序渐进原则。这些原则几乎贯穿感觉统合训练的始末，对训练有着非常重要的指导意义和促进作用。

顺应性原则

儿童的大脑对感觉信息的组织是靠顺应性反应来完成的。当儿童通过感觉器官接收到环境信息时，大脑会立刻把信息与身体进行组织协调，然后做出具体的行为反应去顺应当时的环境。例如，儿童无论在干什么，只要有人叫他的名字，他都会不由自主地做出反应；当儿童在户外活动，面前突然出现障碍时，他会立刻调整身体的状态以保持平衡。这些行为的完成都需要许多顺应性反应参与。

在儿童的感觉统合能力中，最关键的是感觉与动作的组织协调能力。这种能力是儿童有效地顺应身体与环境的基础，通常建立在儿童对身体采取的顺应性反应中。

如果儿童的顺应性反应发展良好，那就可以促进组织协调能力的提高，并使儿童的大脑处在一种有条理的清晰状态中。而且，每一种顺应性反应又会引起进一步的感觉统合，儿童为了统合这些感觉，就会试着顺应它们，如此便形成一个良性循环，对感觉统合的发展很有好处。

所以，在对儿童进行感觉统合训练时，要谨记顺应性反应的特点。外人的力量是不能帮助儿童完成顺应性反应的，必须要由他们亲自尝试。所以，家长没有必要对儿童的一切大包大揽，过分的代劳反而会减少顺应性反应能力发展的机会。

内驱力原则

内驱力，是在儿童内心需求的基础上产生的一种唤醒状态或紧张状态，它能够推动身体活动以满足需求。举个简单的例子：当儿童肚子饿了，就会涌现出强烈的进食欲望，这种内驱力驱使着他寻找食物来满足需要。当儿童吃饱时，内驱力降低，吃东西的行为也会随之停止。

感觉统合训练中的内驱力通常是在身体与环境的互相交流中形成的，它存在于儿童机体内部，实质上是一种无意识的力量，能够给予儿童积极的心理暗示，具有驱动型的效应。这种内驱力是最原始的，积累了整个历史经验的心理体验在儿童大脑中的反应。

感觉统合训练中的内驱力

在训练中，儿童心中产生的内驱力主要有以下三种。

①认知内驱力：认知内驱力是一种源于儿童自身需要的内部力量。这种潜在的内驱力，要通过儿童对训练意义的不断认识，以及在训练中不断取得成果，才能真正表现出来。训练人员可以利用儿童的好奇心，巧妙创设问题情境，并将训练内容与学生的生活背景、知识背景联系起来，激发

儿童的认知内驱力。

②自我提高内驱力：这种内驱力是儿童在与其他人的比赛中，通过自身努力取得了一定成绩而产生的。激发自我提高内驱力需要一种集体活动的环境。

③附属内驱力：为了赢得训练人员的赞许和认可，儿童会产生一种认真训练、积极表现的附属内驱力。这种内驱力的激发需要儿童成就感的积累。

内驱力的作用

在每一个儿童的成长过程中，内心都存在着相当大的内驱力来发展感觉统合。例如，我们并没有告诉幼儿应该怎样爬行、怎样站立，但他们心中的内驱力会引导着身体尝试这些行为。所以，要给予儿童充足的机会，让他们在复杂的环境中寻求发展，一再尝试、一再努力直到成功为止。如果儿童内心缺乏内驱力，那感觉统合的发展将寸步难行。

在感觉统合训练中，注重内驱力原则可以让儿童产生努力改变现状的内在愿望，并积极主动、自觉独立地参与到训练中去。另外，内驱力原则强调儿童在训练中的主体地位，要充分发挥儿童的主观能动性。所以，家长不宜在训练中过度保护孩子，更不要无条件地支持。同时，训练人员也要发挥出主导作用，通过鼓励、启发等手段引导儿童的主动性，激发他们的内驱力，以此达到更高的训练水平，取得更好的训练效果。

快乐原则

许多哲学家和心理学家已经发现，人类行为在很大程度上都是趋乐避苦所致，良好的情绪是大脑思维的润滑剂。所以，在感觉统合训练中，训练人员要尽量满足儿童对“快乐”的心理需求。一个真正成功的训练在于把握住儿童的爱好和潜能，寓教于乐，在轻松愉快的环境中提高儿童的感觉统合能力。

训练时要重视儿童的情绪状态

在感觉统合训练中，家长常常软硬兼施，单方面根据自己的想法来对孩子提出要求，但这些要求很可能造成儿童情绪上的不稳定，令他们很反感，甚至还会产生逆反心理，令亲子关系变得紧张起来。归根结底，这是不重视儿童的情绪状态造成的。

另外，某些儿童在训练中可能会感到压力很大，产生焦虑的心理。这时，就需要训练人员认真观察儿童的情绪状态，运用各种方法调节儿童的情绪，使他们真正感受到快乐。当儿童心中很愉悦时，大脑的思维效率会变强，学习东西非常快。而一旦心情低落时，往往会事倍功半。

如何在训练中体现快乐

（1）训练环境要快乐

一个美好舒适的训练环境能给儿童带来快乐的心理暗示，也能够减少一部分儿童对训练的恐惧心理。所以，感觉统合训练场所要布置得活泼、有趣，训练的用具和器械要在形状、质地或色彩上丰富多变，避免单一。同时，也要定期更新训练环境的布局，适应不同训练阶段的需要。

（2）训练项目要快乐

儿童偏爱快乐的游戏活动。所以，训练人员要抓住儿童的心理感知特点和动作特点，认真设计训练项目，包括项目的名称、操作规则、操作方式以及操作难度等。一个富有趣味性和自主操作性的训练项目能让儿童收获很多快乐。相反，如果训练项目与儿童的身心特点不符合，就会给儿童带来挫折感和痛苦感，影响该项目的训练效果，甚至会让儿童对其他项目也产生排斥和恐惧的心理。

（3）训练过程要快乐

如果能在每一次训练中都保持一种积极快乐的心情，那将对儿童感觉统合的发展起到很大的促进作用。然而，在长时间的训练中，儿童无可避免地会对某些训练项目和训练方式感到疲劳和厌倦，出现消极训练或拒绝训练的情况。如果出现这种问题，训练人员不要对儿童进行批评和指责，这样会使他们对训练的快乐体验消失殆尽，在心理上感到紧张、焦虑和恐惧，严重影响训练效果。所以，训练人员应该尝试用更温和、更易于儿童接受的方式去解决问题。当然，这并不意味着训练人员可以对儿童的不良行为和错误训练听之任之，相反，针对儿童的一些具体问题进行批评教育也是非常必要的。

以儿童为主角原则

基于人本主义的观点，在进行感觉统合训练时，训练人员要将儿童奉为主角，充分考虑儿童的客观心理需要和心理发展特点，这样才能更充分地理解儿童、帮助儿童。

在训练关系上，儿童是训练的主体，是训练活动的主宰。尊重儿童在训练中的主角地位，是调动儿童积极性的根本条件。当然，这并不是忽略训练人员的作用。训练人员仍要担负起对儿童的引导作用，不可缺少。

以儿童的生长发育规律为中心

虽然不同儿童之间的感觉统合发展存在很大差异，但儿童总体上的生长发育又遵循着一定的规律，各个系统器官的发育也统一协调。所以，在感觉统合训练中，要把儿童作为主角，首先就要以生长发育规律为中心。

（1）生长发育是阶段性的连续过程

儿童的生长发育总体上是一个连续不断的发展过程，但其中又划分为几个阶段，每个阶段突出表现为某些能力领域的发展。一般情况下，儿童的生长发育包括四个阶段：感觉—运动阶段（0 岁～2 岁）、前运算阶段（2 岁～7 岁）、具体运算阶段（7 岁～12 岁）和形式运算阶段（12 岁～15 岁）。

（2）生长发育的规律

形态发育规律：在还未出生时，胎儿的形态发育首先是头部，其次为躯干，最后为四肢。

动作发育规律：在婴儿时期，生长发育遵循着格塞尔提出的“头尾发展规律”，即首先会抬头转头，然后能转身直坐，最后会直立行走。

手部动作发育规律：婴儿出生时，手部动作是无意识的或应激反射性的抓握；4~5 个月大时，可以用手有意识地取物，但只是全手抓握，不能做一些精细动作；10 个月大时，幼儿会用拇指、食指对捏取物。

整体发展规律：儿童优先发展感知运动能力，逐步过渡到对认知、言语及社会技能的发展。

学龄儿童和青春期儿童身体形态的发育规律：这个时期的儿童发育遵循“向心律”，即四肢发育先于躯干、下肢发育先于上肢，像这样呈现出自下而上、自四肢远端至躯干的顺序。

各系统器官发育的规律：儿童各系统的发育有先有后、快慢不一，如感觉系统、运动系统和神经系统发育较早，而生殖系统发育较晚。在同一系统中各个器官的发育也不平衡，存在先后之分。但是，各系统发育在总体上又呈现出协调一致的特点。

概括来说，儿童生长发育的规律就是：由中心到外围，由上到下，由近及远，先粗大后精细，先简单后复杂。

（3）生长发育具有差异性

大部分儿童的生长发育都处于平均水平范围，但在各个层面上又存在着差异。另外，一些儿童还会出现发育超前或发育迟滞的现象。

在感觉统合训练中，训练人员要将儿童生长发育的规律与训练的特点相结合，做到由粗到细、由简到繁，并不断进行练习。同时，也要注意观察和分析每个儿童在群体中的发育水平以及各领域的发展形态。

尊重儿童的差异发展

有些家长经常为自己的孩子感到头疼，总是感慨孩子怎么会这样。其实，这种想法是错误的，因为每个儿童的感觉统合发展各有长短，不可能一模一样，所以出现差别是合情合理的。家长要对儿童的差异性发展表示出尊重和理解的态度，这是整个感觉统合训练的前提。

另外，感觉统合训练并没有一个适合所有对象的标准化方案，也不可能预测出每个儿童取得训练效果的具体时间。因为每个儿童所面对的感觉统合问题的性质、程度、影响因素都不一样，所以训练方案和训练效果也会存在差异性。这就要求训练人员更客观地面对儿童的具体问题，制定出更合适的训练内容和形式，不能千篇一律、照搬照抄。同时，也应当尊重儿童发展道路的多样性，提供与其相适应的训练环境和训练项目，从而更好地为儿童提供帮助。

在训练过程中，有些家长常常会对自己的孩子说："你看人家，人家做得多好，但你是怎么做的？就不会跟人家好好学学？"虽然家长这么说是出于好心，想让孩子进步得更快一点。但是，这种不尊重儿童差异发展的态度会给他们带来打击，严重挫伤儿童训练的积极性。所以，适度的比较有利于儿童间互相学习，过度的比较只会适得其反。

从儿童的角度看问题

儿童难免会在训练中出现这样或那样的问题，而解决问题的有效办法是经常关注儿童的心理状态，了解儿童内心的想法，学着从儿童的角度看待问题。例如，当儿童最初阶段的训练效果不是很好时，也许并不是因为自身能力差，而是到了一个陌生的环境，让他感到浑身不自在，缺乏安全感，所以才影响了训练效果；当儿童不愿意接受训练而经常哭闹时，也许并不是对训练项目感到排斥和恐惧，真正的原因可能是与其他小朋友吵了一架，导致心情烦闷；如果儿童跟训练人员之间不配合，经常不服从管理的话，也许不是情绪发展不良，而是感觉自己没有受到重视，故意用此方法吸引训练人员的注意。

另外，训练人员也要意识到儿童是有实际需要并且渴望自主的个体，所以训练工作要与儿童的需求相结合，万万不能以个人的喜好去对待儿童的行为。在设计训练内容时，要充分考虑儿童的兴趣和可接受性。在实施训练时，也要采取多种方式，灵活变通，因为培养儿童的某一种能力可以有多种途径，不必过分死板地认准一种方法。同时，也要时刻关注儿童的身体状况和情绪状态，对训练的强度和难度加以调整。

对于训练人员来说，如果能站在儿童的角度进行思考，那将会发现和学到很多东西，使自身专业水平上升到另一个层次，大部分难题也会迎刃而解。

培养自信心原则

自信，是很有利于感觉统合训练的一种心理素质。感觉统合失调的儿童在学习和生活中本来就容易产生自卑感，所以训练人员要经常用积极、正面的赞扬和肯定的目光鼓励儿童，让儿童感到成功的喜悦，帮助他们逐步培养起对训练的信心。当儿童没能很好地完成训练时，训练人员千万不能在言语和行为上打击儿童，否则会使儿童参与训练的积极性大大下降。

培养自信心首先要接纳儿童

参加训练的儿童基本上没什么社会经验，当他们来到一个陌生而且不确定因素很多的环境中时，会不由自主地产生紧张、不安和渴望被别人接纳的心理。只有被别人接纳时，儿童才能获得安全感，这是一种本能的需要。

渴望被接纳的心理在训练初期表现得十分显著，训练人员必须熟悉这种心理状态，并与儿童之间构成融洽的训练关系，这样才能帮助儿童消除自卑的心理，促进训练活动的开展。

儿童被接纳的程度决定着训练的效果。所以，训练人员要在每一次训练中调控自己的言语和行为，用温和的态度、愉快的表情、温柔的话语、积极地沟通、善意地接触等方式给儿童传递一种积极接纳的信息。同时，训练人员不能用一种高高在上的态度命令儿童训练，这会让孩子产生抵触心理。如果训练人员对儿童稍稍表现出不耐烦和拒绝意义的言行，就会伤害到儿童的自尊心，影响训练的积极性。

让儿童感到被重视

在训练过程中，可能有些训练人员会更注重训练的规范要求和操作要领，而忽视了儿童本身实践的过程。儿童“察言观色”的能力非常强。他们在按照要求完成任务的同时，还会时刻关注训练人员对自己的态度，并且非常希望自己的所作所为能受到重视。而一旦儿童感觉自己受到的重视度不够，就会认为是训练人员不喜欢自己，导致自信心受到严重挫伤，甚至还会因此产生强烈的抵触情绪，拒绝进行训练。

针对儿童的这种心理，训练人员要通过言语、目光、表情、姿势、做记录等途径来向儿童传达一种“我很重视你”的态度。特别是要开展集体训练时，训练人员更要时刻关注每一个儿童训练的全过程，力求做到“平等重视”。

经常肯定儿童的表现

培养儿童自信心的另一个重要方式，就是要经常对他们进行真诚地表扬和鼓励。这样，儿童才能知道自己的所作所为是否有意义，并在内心逐步认可自己的能力，获得训练的动力。

在训练中，训练人员要发现儿童的不足之处，同时也要把儿童的闪光点看在眼里，并试着从成功的细节里提出儿童需要进一步完善的方面。例如，当儿童问“我这个地方做得好不好”时，应该回答：“嗯，你已经做得很不错了，如果能再好一点那就更棒了！”这样儿童显然更易于接受，也更有信心去做出进一步的提高。

每次训练结束后，训练人员应当对儿童取得的成果进行及时、认真和积极的评价。通常情况下，儿童进行的任何一个训练项目都有其值得肯定的方面，即使在他们能力较弱的地方也是如此。如果儿童真的表现得很不理想，那就应该从训练方案上找问题，或者反思教学方法，而不应该把一切责任都推到儿童身上。

成功的体验不能少

感觉统合训练成功的标志有 3 个：成功地完成训练项目、积累成功的经验、沉淀积极的心理体验。其中，前者是后两者的基础，后两者又是儿童完成更富有挑战性项目的动力，也是训练主动性、坚持性和创造性的根本。

在培养儿童自信心的过程中，让儿童品尝到成功的喜悦是不可缺少的。所以，训练人员要在训练内容、训练方式、项目难度和可操作性上多下点功夫，让每一次训练尽可能获得圆满的成果，从而让儿童积累起成功的心理体验。这样经过一段时间的训练，儿童的自信心就会得到显著提高，训练效果也会取得阶段性的进展。

不仅仅儿童需要成功的体验，训练人员也需要。如果儿童的大部分训练都能获得成功，那么训练人员也会从中感觉到希望，从而有更大的动力去设计更完美的方案，帮助儿童改进不足的地方。相反，儿童频繁的不成功会直接挫伤训练人员的信心，也会对家长产生打击。家长会因此质疑训练人员的专业能力，把不成功归咎于训练方案的不科学，甚至会怀疑子女的可训度，产生放弃训练的念头。

所以，必要的成功体验能很好地推动训练的开展，给儿童带来参与训练的动力，给家长带来心理上的慰藉，让儿童、家长、训练人员三者之间产生更好的配合，从而让感觉统合训练的效果更加显著。

针对性原则

每个儿童都是独一无二的，感觉统合的发展情况不能一概而论。因此，训练人员要充分意识到儿童的个体因素，针对每个儿童的特点设计最合适的训练内容，要求既不能太困难，以免打击儿童的积极性，也不能太简单，让儿童感觉无趣。一个富有针对性的训练，才是最有效的。

有针对性地认识儿童的问题

对于儿童感觉统合存在的问题，训练人员可以借助各种测评量表和观察手段来进行了解。虽然这些测评有相对统一的模式和相同的评估工具，但是针对不同的个体还是要有所差别。训练人员需要对每个儿童的年龄、性格、兴趣爱好、身体状况、日常行为、游戏交往、学习状态等进行细致的观察，然后对测评的侧重点和测评的方式做出有针对性的改变。

有针对性地设计训练方案

在训练人员了解了儿童的发展水平、学习能力及障碍特点有哪些不同后，就要有针对性地制订出切实可行的目标和训练计划，设计出最适合儿童个性发展的训练内容和训练进度。以年龄差异为例：几个月大的儿童喜欢一些色彩鲜艳、声音刺激丰富的游戏活动；1 岁的儿童喜欢球类、转动类和滑行类的训练；3 岁的儿童则特别钟爱复杂的、大型的训练。所以，训练人员要因人而异设计出最合适的训练方案，切忌对所有儿童都采取同样的训练标准。

有针对性地进行评价反馈

评价反馈的针对性主要体现在根据训练目标选择评价的内容和方式。同时，做出的评价不能空泛，要正确、客观、突出重点，以帮助儿童更好地达成训练目标。

①有针对性地进行实时评价。训练人员需要对儿童的精神状态、积极性、主动性以及操作完成的正确性等做出实时评价，并及时与儿童交流。同时要注意，在训练初期需要提高儿童的兴趣，减少他们对训练的恐惧心理，所以这个时期的实时评价要针对儿童的积极性以及对要求的理解和执行情况，而不应该针对其操作的规范性和坚持性。

②有针对性地进行阶段评价。在经过一段时间的训练后，训练人员需要针对儿童阶段性的训练成绩和出现的问题进行系统性的评价和反馈，并认真反思总结。

兴趣性原则

兴趣是最好的老师，感觉统合训练同样也需要培养儿童的兴趣。也许刚开始儿童并不能体会到训练的趣味在哪里，这个时候就需要训练人员对儿童进行细心和系统的引导，并将兴趣的培养作为训练的一部分。例如用游戏等手段对儿童的快乐情绪加以组织，逐渐树立起儿童对训练的兴趣，提高儿童参与活动的积极性。另外，也要帮助儿童克服训练中因劳累、重复、单调引起的心理疲劳，对这些负面情绪进行人为的干预和调控。

兴趣是主题

无论是感觉统合训练，还是其他的教育活动，都应该以“兴趣”为主题，浓厚的兴趣可以增强训练效果。如果儿童对某些项目提不起劲儿，表现出消极应付的态度，那训练人员一定要耐心地进行引导，让他们慢慢掌握训练技巧，培养他们对训练的掌控力。这样，儿童才能体会到训练的趣味。

培养儿童兴趣的措施有很多，接下来就列举一些。

改变训练的形式，在无意中练习儿童做不到的动作。不必死板地按照流程行事，一味强迫儿童进行练习。

对训练项目的顺序做出调整，先易后难或者难易穿插。让儿童多多体验到成功的快乐，这样才能使他们积极投入到训练中。

在训练中营造出一种轻松愉快的氛围，设置一点儿背景音乐，多和儿童谈谈心，讲几个笑话，休息时加几个有趣的游戏，这些都能帮助提高儿童的训练兴趣。

明确兴趣与训练的关系

兴趣与训练，就如同糖衣和苦药。感觉统合训练的难点就在于如何让兴趣推动训练的进程，特别是一些重复性较强且比较枯燥的项目。解决这个问题的最好办法就是时刻关注儿童的心理状态和行为状态，如唤醒水平、集中性、努力程度、主动性、动作完成的质量、速度以及各环节之间的衔接等，然后认真分析，实时加以调整，让儿童保持较高的兴趣进行训练。

相反，如果仅考虑兴趣而缺乏必要的训练，会导致儿童积累大量无关经验，不能有效解决问题；如果仅注重训练而忽视对兴趣的关注，僵硬死板地按要求做事，强迫儿童完成各种指令，可能会让孩子产生逆反心理，这会让家长和训练人员备感头疼，对训练有害而无益。

循序渐进原则

儿童身体机能的成熟、功能的完善是一个阶段性的渐进发展过程。对于某种行为动作的形成，要受到人体生理机能的制约，以及条件反射、分析综合、逻辑思维规律的支配。所以，感觉统合能力不是在短期的训练中就能形成的，需要一个循序渐进的发展过程。

循序渐进的原则主要体现在以下几个方面。

①训练难度：总体应该呈现由简单到复杂的递增趋势。在训练刚开始时，不宜采取过高的强度，否则很容易让儿童产生排斥心理。尤其是一些感觉统合问题比较复杂的儿童，可能在接受几次训练后就会消极应对，甚至拒绝参与。相反，多进行一些比较简单的训练能够充分调动儿童的积极性，在儿童适应之后慢慢增加训练难度，会有事半功倍的效果。

②训练内容：由单一领域的专项训练发展到多个领域的整合训练，逐

步提高儿童各感觉通道之间的信息交流和整合，以及感觉与动作间的协调与反馈。

③训练方式：由被动训练、助动训练逐渐过渡到以主动训练为主体，使儿童在掌握正确操作要领和安全保护技能的基础上，逐步提高其参加训练的主动性。

④评价反馈：由训练初期的发现优点、注重鼓励表扬发展到全面评价、注重细节等。

第五章 感觉统合能力训练

感觉统合能力训练并不仅仅是对平衡感觉、前庭系统、触觉系统、本体觉系统进行单纯的感觉刺激，还要对儿童的语言发展能力、人际交往能力、左右脑功能进行强化。本章列举了感觉统合的一些具体训练方法，不仅保证了丰富的感觉刺激，还能提升儿童的综合素质，促进左右脑的平衡发展。

强化平衡感训练

视觉、听觉、嗅觉、味觉、触觉和平衡感是人类常见的六种感觉。前面五种感觉大家都比较熟悉了，但很多人对平衡感所知甚少。佛学中常说，人生来具有六根，所谓六根就是六感，也是人类衣食住行日常生活中的六种基础。《般若波罗蜜多心经》谈到眼、耳、鼻、舌、身、意，还有与之相对的六欲，即色、声、香、味、触、法，其中最难理解的要数“意”和“法”。其中的“意”与平衡感息息相关，是一种综合性的感觉，只有掌握了这种感觉，人类才有意识。人类生下来就具有平衡感，所以人体才能呈倒三角形状站立。如果平衡感欠佳，则会影响人体动作的协调性和灵活度。

人类的平衡感能力发展得很早，在胎儿时期就已经开始。出生第一年里，婴儿几乎所有的活动都是围绕着平衡感展开的。所以要调整平衡感，就必须强化初期运动，让身体和地心引力之间建立起微妙的协调感。一些儿童因为平衡感发展不足，导致四肢运动不协调、多动不安等，这些可以通过加强平衡感的相关训练帮助其恢复正常。

强化平衡感的训练原则

①训练中不要限于平面，要兼顾上下立体性运动，甚至涵盖 360° 的旋转训练。

②需要注意动静结合，平衡发展。

③以高速活动强化原始反射的统合能力，以促进身体和地心引力之间的协调，保持倒三角形身体架构的安定性。例如，上下或左右摇动以及回转运动都有利于前庭体系的发展，能够很好地提升平衡能力。相关的适宜器材有摇木马、大力弹球、旋转盘、滑板、跳床和平衡台等。

婴幼儿时期的平衡感训练

文字和图形的模仿、描绘、翻跟头、转身跳、模仿动物或其他人的动作、捉迷藏或躲避球等，都可以帮助婴幼儿形成运动协调能力。这些肢体动作的转变还可以帮助儿童理解自我的身体形象，使肢体动作更为丰富。

此外，当姿态改变时，强化眼球运动对视觉空间的认知，可以使身体各个部位的协调能力加强。例如，在跳床上投接球、投篮、趴在地上推球等。静态方面，婴幼儿可以通过接龙、拼图或连点成线、成形等游戏来加强空间视觉能力。

日常生活中的平衡感训练

正因为人体呈倒三角架构，所以平衡能力在日常生活中几乎无处不在。如果缺乏稳定的平衡能力，不仅会影响肢体动作的灵活性，还会影响左右脑分工，尤其是成长过程中儿童左脑的组织能力、推理能力可能因为信息混乱而发展受阻，直接影响儿童语言组织能力及数理能力的发展。

其实，平衡感的发展是相当生活化的，是从婴幼儿时期一点点发展起来的。婴幼儿常在临睡前哭闹，母亲通常会抱着婴儿在怀中摇动，这是早期加强婴儿平衡能力的一种有效方式。此外，在孩子出生 5 个月以后到 1 岁期间，家长要多鼓励婴儿活动身体。例如，自己翻身、自己坐、爬行和攀站，直至摇摇晃晃地练习走路，都可以强化孩子的平衡能力。

孩子 1 周岁以后，逐渐学会走路，这也是他们平衡能力快速发展的时期。在不平的草地或沙地上行走，上下楼梯或自己在沙发或桌子上爬上爬下等都有利于平衡力的发展。长大一些后，孩子会自己跨过门槛或水沟等障碍物，自己爬到床上，等等。

年龄稍长后，父母应多鼓励孩子进行户外活动，不过要注意安全。例如溜滑梯、玩跷跷板、攀爬架、荡秋千、翻滚等，都有助于孩子平衡能力的发展。此外，父母还应该倡导幼儿在力所能及的范围内自己多动手，如自己穿衣服、鞋子，适当地整理自己的玩具等，这些生活中的日常活动都可以加强孩子的运动协调能力。

强化平衡感的相关训练

1. 高又高、爬又爬

这一训练是以身体为教具，强化平衡能力。适用于好动、肢体动作不灵活，且容易跌倒的孩子。

训练方法：

①大人坐着将右小腿竖成斜坡，让孩子从大人的膝盖处往下滑。可以重复进行 10 次 ~ 15 次。

②大人双脚并拢，抱着孩子，让其面对面坐在大腿上，然后一松一紧地摇晃孩子。可以重复进行 20 次 ~ 60 次。

③让孩子背对着大人，坐在大人的膝盖上，大人将孩子拉向胸前然后

推至膝盖，重复多次。

这三项游戏可以分开进行，速度可根据孩子的反应灵活把握，具体过程中速度不宜过快，否则会引起孩子的恐惧和抗拒心理。大人还可以一边玩一边与孩子聊天对话，以强化孩子的语言能力。

2. 坐飞机、起降机

这一训练是为了加强平衡感及前庭平衡。在具体训练中如果有父母参与，还可以加强亲子互动。适用于好动、多话、情绪不稳定、肢体动作不灵活的孩子。

训练方法：

①大人朝天仰躺，弯曲双膝，孩子俯卧、面朝大人。大人一边用双手及小腿将孩子抬高，一边说："飞机起飞了，飞机起飞了。"

②大人朝天仰躺，双臂抱起孩子，左右转动摇晃。

③让孩子骑在大人背上，紧紧抱住大人，大人四肢朝地模仿爬行。

3. 拍打气球

这一训练是为了强化前庭觉、中枢神经系统及运动协调能力。适用于肢体动作不灵活、平衡感欠佳、容易跌倒、情绪化的孩子。

训练方法：

用绳子垂吊数个气球在半空中，高度适当，要保持在孩子伸手可以触及的 20 厘米以内。这一项训练中，让孩子从地上跳起来，用手来触碰和拍打气球。目的是通过仰头的动作，来训练孩子的手眼协调能力。延伸一下，还可以将数个氢气球飘浮在半空中，让孩子手中拿拍子，一边跳跃，一边拍打气球。

4. 摇啊摇

这一训练可以强化中枢神经及大脑运动神经功能，并且可以拉近亲子关系。适用于手脚不灵活、经常跌倒的孩子。

训练方法：

①让孩子平躺，大人抓住其双手或双腿，并上下屈伸、开合、左右摇晃。

②让孩子平躺，大人抓住其右脚，向左摇过左脚位置，然后依次换左脚和双手。这种越过身体中线（中线是指孩子两眼中间沿着鼻梁向下延伸的中间线）的活动，对孩子身体协调帮助很大。

③大人用双手扶抱孩子（要抱紧一些），然后让他屈着身体左右摇晃。这种动作要缓慢、正确、循序渐进地进行，不宜太快，否则会让孩子感到不舒服。

强化前庭功能训练

前庭器官是人体众多感觉器官中最为敏感的，也是儿童身体灵活运动和顺应环境的重要基础。前庭功能正常时，会源源不断地向大脑神经系统传递重力平衡信息和其他感觉信息，这些信息成为眼睛以及其他感觉器官做出判断的重要依据，能够保证儿童的平稳站立。同时，前庭功能还负责综合判断头部位置和身体位置的变化，随时提醒儿童头和身体的方向，帮助头部、眼睛、四肢之间相互协调，并做出一系列行为反应。

另外，前庭觉也会把感觉信息通过脊

髓椎体神经体系传达到身体各个部位，以此调整全身肌肉和关节的收缩运作。接着，前庭觉还会将肌肉和关节的信息重新反馈给大脑，让身体—神经—大脑功能全方面协调合作，帮助儿童探索和适应外界环境。

所以，强化前庭功能的训练能很好地完善儿童的大脑功能，对感觉统合的发展具有很大意义。

前庭功能训练应从孕期开始

很多准妈妈会非常小心地保护肚子里的孩子，干什么事都是慢手慢脚的。其实，这种过分保胎的行为是没有必要的，因为胎儿的大脑神经系统在怀孕前三个月就开始发展了，这个时候是训练胎儿前庭功能的最佳时期。准妈妈应该进行适当的活动，如散散步、做些家务等，为胎儿前庭功能的进一步发展打下基础。

当胎儿出生后，家长不要总把幼儿放在床上睡大觉，应该时常抱起孩子轻轻地摇一摇；当婴儿 3 个月时，家长可以训练孩子做翻身的动作，6 个月时可以训练孩子坐起来，七八个月时开始训练孩子爬行。等孩子经历一段时间充足的爬行后，就可以训练他们走路了。如果孩子熟练地掌握了行走的动作，家长还要慢慢训练他们进行跳跃、奔跑、单腿蹦、上下台阶、拍球、原地旋转等。这些训练都可以很好地促进儿童前庭功能的发展。

前庭功能训练的主要内容

前庭功能训练的目的是帮助儿童大脑在最短的时间内处理来自各个感觉器官的信息，这有利于儿童日后养成良好的学习习惯。同时，前庭功能训练也可以帮助儿童在日常活动中保持身体的平衡，能增强儿童肢体之间的协调运作。

在感觉统合的训练中，前庭功能训练和触觉功能训练可以极大程度地促进其他感觉统合的过程，所以应该优先进行。前庭功能训练主要对儿童进行被动式的前庭刺激，改善前庭觉过度兴奋或过度抑制的情况。另外，还能通过调整脊髓中枢神经，使中耳平衡体系得到加强，进而增进前庭的平衡性以及稳定性。

前庭功能训练主要有以下几种。

①旋转运动训练：旋转圆桶、旋转木马、旋转椅子等。

②摇晃运动训练：坐摇篮、荡秋千、走晃动的独木桥、坐吊床等。进行这类训练时可以让儿童尝试俯卧位、仰卧位、侧卧位、头脚颠倒等不同体位。

③平衡运动训练：走平衡木、走平衡台、坐平衡踩踏车等。

④跳跃运动训练：坐弹跳垫、骑袋鼠跳、跳蹦床、翻滚等。

⑤姿势反应运动训练：钻圆桶、坐滑梯、坐圆形滑车、玩竖抱桶，进沙坑、在草坪玩耍等。

前庭功能训练的重点方向

（1）强化前庭刺激

在儿童 1 岁半时，就可以让他操纵小滑板进行训练；3 岁以后，可以进行大滑板训练，但是不要提升过大的高度，否则会使儿童脑压过高引起不适。这些训练能够有效刺激儿童的前庭感觉，促进前庭体系的复苏。

（2）提升行为动作的流畅性

儿童肢体动作改变时是否流畅，主要取决于肌肉的收缩力量，这可以通过脚底刺激、趴卧或俯卧大弹力球、趴地推球、在坡度板上滑行等训练来加强。

（3）增强运动企划能力

运动企划能力不佳的儿童，对信息的组织、处理和指挥能力很差，同时全身的大小肌肉和关节协调不良，经常失去掌控。针对这种情况，可以采用摇动中抓取东西、投接球、拍球或跳绳等训练进行改善，同时也能强化肢体屈曲的能力和手眼协调性。

（4）促进双侧分化和协调

可以让儿童在进行训练时左右手或左右脚交叉使用，互相配合着完成动作。也可以让儿童站在球池内，做双手轮流投球的训练。

（5）改善视觉统合能力

让儿童在20秒内做10次回转动作，然后观察及调整其眼球振动的时间。也可以让儿童利用吊缆进行前后左右摇晃的训练，以促进脑干和前庭感觉体系的健全发展。

强化前庭功能的相关训练

1. 摇摇船

这一训练能够强化脊髓神经、四肢和大肌肉的协调运作能力。适用于身体不灵活、容易跌倒、经常撞墙、视觉空间协调不良的孩子。

训练方法：

①大人和孩子双脚互相抵着面对面坐下，并且要手拉着手伸直。当孩子躺下时，大人要坐着；当大人躺下时，孩子要坐着。根据儿童体力交替做20次～40次这样的训练。

②孩子背朝着大人坐下，然后双脚夹住大人腰部，这时候双手慢慢向后伸直。大人可以轻轻地拉住孩子的手，将他的身体拉成反弓形，再缓慢地放下。这样连续做20次～40次。

2. 骑马训练

这一训练可以强化前庭觉，使其正确地传达感觉信息，增强学习能力。适用于身体操控不良、空间判断能力弱、视觉统合不协调的孩子。

训练方法：

①大人装成马，嘴咬绳子，让孩子牵着爬行。

②大人趴在地上，让孩子双手抱住大人脖子，双脚夹住大人的腰部，然后大人慢慢地爬行。

③孩子坐在大人背上，大人学马将双手向上举高，孩子这时要牢牢抓住大人的颈部以适应摇动。

④让孩子模仿马的动作爬行，大人引导孩子抬高头部学马的叫声。

在做以上这些训练时，大人必须注意安全，不能让孩子摔下来发生意外。

3. 拖拖拉拉

这一训练能够强化前庭神经，促进身体的协调性和灵活性。适用于前庭觉出现障碍、颈部僵化、软弱无力的孩子。

训练方法：

①用木条或积木堆成方块，然后用旧报纸或小球围着。让孩子俯趴其上，双手及头抬高。大人拉起孩子双手，帮助孩子在方块内慢慢移动。

②用足够多的纸板筒平铺在地上，然后让孩子俯趴在上面，运用自身的力量前后滚动。

③用几个大枕头排成一列，让孩子在上面自由爬动。

4. 侧着踢球

这一训练可以强化前庭觉、中枢脊髓神经。适用于大肌肉不健全、双侧协调性差、身体不灵活的孩子。

训练方法：

①在一个大箱子或婴儿车上面铺一层软布，再在上面放几个小皮球。让孩子仰躺在其中，用双脚踢动软布上的球，进行 20 次 ~ 40 次。

②将皮球用绳子悬吊在半空中，然后让孩子仰躺着抬高脚踢动小皮球，也可以让孩子跳起来用双手击打小皮球，连续进行 20 次 ~ 40 次。

强化触觉功能训练

触觉刺激是儿童接收最频繁的、分布最广的感觉信息，它能够帮助儿童的神经系统进行整体感觉的统合，促进感觉认知、感觉运动的发展。在生活中，儿童有很多机会感受触觉刺激，如洗漱、吹风、晒太阳、玩水、玩沙等。

触觉功能异常的儿童大体上分为两类：触觉过分敏感和触觉过分迟钝。这两种现象会给儿童的日常生活带来诸多阻碍，这也是触觉功能训练所要解决的主要问题。

触觉训练的选取原则

触觉的刺激具有长期效应，正常情况下，触觉刺激对神经系统产生影响的时间约在刺激 30 秒以后，一般时间越长，效果就越好。对于不同类型、时间和频率的刺激，儿童做出的反应也会不同。

大部分儿童因为手背和手臂位置接触环境的机会较多，所以这些部位的触觉防御最少，能够保持正常的触觉功能。但是，脸部、胸腹部和脚底感受刺激的机会就很少，这些部位相对来说就比较敏感。所以，儿童身体的不同部位对不同触觉刺激的偏好反应是一个很好的指标，触觉训练就要根据这种指标来采取适当的训练方式。

如果儿童特别喜欢某种触觉刺激，并且在这种刺激下并没有表现出过度兴奋的反应时，就说明这种触觉刺激可以用来改善儿童的感觉统合能力。相反，如果儿童在经受某种触觉刺激后，表现出严重的不安情绪、注意力下降甚至失眠时，那就说明儿童缺乏对这种刺激的组合运用能力。但是，这并不意味着儿童就不需要这种触觉刺激。一般解决这种问题的方法是，采用缓慢的前庭刺激来抑制和平衡脑干部网状结构的激活。

一个适宜恰当的触觉训练，能够很好地帮助儿童发展感觉统合。但若是选择的感觉刺激过于强烈和异常，也会对儿童的感觉统合起到反作用。

触觉功能训练越早越好

当婴儿出生后，家长就应该抓紧对其进行触觉训练了。对于妈妈来说，应该尽量进行母乳喂养，而且平常要多对孩子进行爱抚和全身按摩，不能让他吃饱了就睡。在儿童未满 2 周岁时，可能会爱吃手、爱咬毛巾和其他一些物品，这是儿童触觉发展的正常现象，家长只需注意相关物品是否整洁卫生，而不宜对这些行为进行阻止。当儿童刚学会吃饭时，家长不要急着要求孩子赶快吃完，否则也会影响触觉功能的发展。

等孩子再大一点时，家长可以让孩子多进行摸爬滚打的动作，还要经常带儿童到户外与其他小朋友玩耍，如玩泥巴、玩沙土、玩石头等。另外，家长还要注意孩子对温度冷热的体验，如可以拿冰袋和热水袋慢慢接触孩子的皮肤。家长平时还要多拥抱孩子，让他全身都感到一种压力感。这些触觉功能训练可以一直持续到 12 岁。

日常生活中的触觉功能训练

在日常生活中，毛巾、毛刷等粗糙物品都是很好的触觉训练用具。当儿童洗完澡时，家长可以用一个大浴巾将儿童全身都包裹起来，然后让他在浴巾中不断滚动，也可以用毛刷或梳子轻轻梳儿童的头部，加强头皮刺激，或者轻刷儿童的大腿部及脚底，这也能起到很好的触觉刺激作用。这种训练对儿童全身各处都能产生温和的触觉刺激，而且触觉压力不会太大，所以大部分儿童都比较喜欢这种感觉，甚至触觉敏感的儿童也不会排斥这种训练。

另外，吹风机也是一个可以很好利用的家庭用具。家长可以用吹风机的热风或冷风集中吹儿童触觉敏感的部位，这比吹自然风的效果还要好。因为吹风机造成的触觉非常特殊，所以大部分儿童刚开始都会觉得很有趣，比较乐于接受。这种训练对触觉敏感和触觉迟钝的儿童都能带来帮助，长期使用更可以培养儿童抑制轻微刺激信息的能力，有利于情绪的稳定发展。

在生活中，有些家长可能比较排斥儿童玩水。其实，这种做法是不合适的。因为玩水对触觉敏感的儿童很有好处。当儿童玩水时，水会对儿童的身体皮肤造成一种良好的触觉刺激，能够帮助儿童强化相应部位的触觉感应能力，减轻触觉敏感的问题。

强化触觉功能的相关训练

1. 玩橡皮泥

这一训练能够强化触觉接受能力和探索能力。适用于害怕与人接触、孤僻、胆小、爱哭、黏人、不喜欢热闹的孩子。

训练方法：

买几盒各种颜色的橡皮泥，然后让孩子用手揉成各种形状，如球形、方形等。

大人将橡皮泥揉成条状，然后在孩子的敏感部位来回滚动。

2. 化装舞会

这一训练能让孩子更自然地发泄，消除触觉敏感。适用于紧张、焦躁、爱哭、黏人、情绪化的孩子。

训练方法：

①大人帮助孩子梳头发，可以梳成各式各样不同的发型让其体验。

②将无毒性的化妆品或颜料直接涂在孩子脸上，可以化装成各种各样孩子喜欢的人物形象。

③可以让化装的孩子们聚在一起玩耍，互相拥抱，让彼此的身体互相接触，并播放音乐增加趣味性。

3. 抱一抱，亲一亲

这一训练能强化触觉接受度，消除防御过度的心理障碍。适用于焦躁、黏人、坏脾气、发音不正、偏食、动作慢的孩子。

训练方法：

①大人将孩子抱在怀里，稍微用点力，强化孩子触觉和关节信息，并用脸颊或额头摩擦孩子的脸，或相互亲吻脸颊。

②妈妈可以用干净整洁的头发接触孩子的脸部，并注意孩子的反应。

③爸爸可以用未刮除的胡须慢慢摩擦孩子的脸部。

4. 脚底按摩

这一训练通过各种不同的质料刺激敏感的脚底，能够强化触觉辨识能力和感觉功能分化能力。适用于情绪不稳、轻微自闭、触觉防御过强或迟钝的孩子。

训练方法：

①大人可以将沙子、碎石子、树叶、羽毛、塑料垫子等铺在地上，然后带领孩子光着脚从上面走过。但切忌强迫孩子，以免造成严重的情绪反应。

②带领孩子来到草坪、沙地、柏油路、溪水旁等，让孩子赤脚在上面玩耍，感受不同的触觉刺激。

5. 浮力球池训练

这一训练能强化触觉神经和身体对重力的敏锐反应，适用于爱哭、黏人、轻度自闭、肢体不协调、有多动倾向、触觉敏感或迟钝的孩子。

训练方法：

①带孩子到幼儿园或游乐场的浮力球池，指导孩子慢慢进入球池中。也可以用力跳进去，让孩子全身感受冲击感。

②让孩子在球池的浮力状态中翻动身体或摆动手脚，调整身体的重心。

③让孩子在球池中直立起来双脚踏步，感受不同重心及身体运作的感觉。

④让孩子在球池中模仿各种动物的行为，增强运动企划能力。

强化本体感觉训练

本体感觉系统帮助儿童感知自身躯体各部位所处的位置，以及肢体的运动方式、方向、幅度、速度等静态或动态的躯体动作要素。因此，本体感觉训练主要发展儿童的运动企划能力，提高儿童动作的精细程度以及不同肢体动作间的协调性，它能够促进前庭觉、视觉等感觉系统调控躯体的平衡，对儿童脑功能的发育、日常活动、学习活动以及成年后的工作生活产生深远的影响。由于本体感觉的感受器分布于肌肉、肌腱及关节周围，所以本体感觉能力的训练需要通过多种方式来实现。

如果儿童存在本体感觉失调的问题，导致身体形象不佳、协调性差。只要采取正确的本体感觉训练，就能帮助儿童恢复正常。

强化本体感觉的原理

本体感觉的训练主要通过较强的肌肉收缩，为脑干部统合提供感觉输入。持续的肌肉收缩能够增进肌梭机能，肌梭产生的感觉输入导入小脑，对脑干部的统合功能起到促进作用。另外，本体觉是儿童感觉关节运动和身体位置的感觉，是儿童运动中产生感觉反馈的重要来源。但是，儿童的关节接收器并没有其他感受本体信息的感觉接收器敏感，所以需要外力对关节进行挤压或牵拉来提供额外的运动刺激。家长可以在儿童运动时在其脚部或手腕加上沙袋或小铅锤，这样能够增加肌肉收缩的阻力，产生牵拉的感觉，促进本体感受信息对中枢神经系统的输入。

为了让儿童在运动中能够自动有效地掌握动、静之间身体神经的运作，加强对身体各部位的认知，所以本体感觉训练的设计要考虑到儿童进行高速活动时的平衡能力，以及与原始反射相关的感觉统合，注重儿童身体与重力的协调性发展。

本体感觉训练的主要内容

（1）静态训练

这种训练可以分为放松训练和静坐训练。当儿童坐着或躺着的时候，身体会经历一个由僵硬到放松的过程，这种体验对本体感觉的发展很有好处。当儿童保持正确坐姿不动时，可以感受到头部的重量、颈部和背脊压力、坐骨和双脚的重力平衡，这可以帮助儿童更明确本体感觉。

（2）动态取向训练

这方面的训练有很多。例如，家长可以和孩子一起坐在圆形的木桶或浴盆上，若想平稳地坐在上面，儿童的头部必须摆正，颈部和上半身的肌肉要挺直收缩，控制大腿的力量来保持平衡。为了让儿童更清楚地控制自己的动作，家长也可以在旁边放置一面镜子，让儿童一边看自己的姿势一边进行练习。另外，家长也可以在儿童坐上去后旋转圆桶，这可以促进儿童对颈部以及眼球运动的操控。但是，如果在旋转时儿童出现恶心或眩晕的现象，就应该马上停止训练。

婴幼儿时期的本体感觉训练

在孩子还未学会爬的时候，家长可以用摇篮帮助幼儿建立本体感觉的认知。另外，拉着幼儿的手脚进行摇晃，也有利于本体感觉的发展。家长还可以帮助幼儿多改变身体姿势，这对运动企划的形成和掌握很有好处，能够更清晰和丰富身体形象概念。

等孩子具有基本的运动能力后，就可以采取更多的训练手段了。例如，可以让孩子躺在地板或床上打滚，或者进行曲线爬行的动作；也可以带着孩子跑步，同时进行一些加速和减速的项目；让孩子用身体模仿文字、图形或者动物，促进肌肉在高度紧张和放松之间不断变化，有利于身体形象和运动企划能力的形成；拼图、接龙、连点成线的游戏，能够健全孩子的空间视觉；进行趴地推球、投篮、坐滑板或推开障碍物的游戏，有助于幼儿视觉空间和运动企划的协调性发展。

强化本体感觉的相关训练

1. 抓手指头

这一训练能强化末梢神经的敏感度，建立更细层次的本体感。适用于四肢僵化、身体协调性差、本体感不良的孩子。

训练方法：

①准备一个较大的空纸箱，将首尾两面打开。然后大人与孩子分别从纸箱的一面将手伸进去，并用同一根手指互相触碰，观察孩子的反应是否正确、灵敏。

②大人也可以准备一些玩具放在箱子内，然后让孩子闭着眼睛触摸，并判断是什么玩具。

2. 垫上转身训练

这一训练能强化本体感和双侧协调能力，促进运动协调能力的发展。适用于四肢反应僵化、灵活度不足的孩子。

训练方法：

①让孩子坐在垫子上，大人固定住孩子的脚，然后让他的头部、手、脚、腰等部位左右转动。若是头部紧张度反应度较低，就要注意协调各部位肌肉的同时收缩能力。

②让孩子在垫子上进行翻滚动作，这可以强化颈部控制力和全身肌肉的掌握，有助于本体感觉的发展。

3. 飞机起飞

这一训练能强化肌肉感觉，帮助建立身体形象。适用于身体灵活度不足、肌肉反应迟钝的孩子。

训练方法：

①大人把孩子举到肩膀上坐稳，并左右摇晃。同时让孩子抬高头部，收缩胸部和四肢，模仿飞机起飞的样子。

②大人仰躺在地板上，然后让孩子面对面躺在身上。大人将双手伸直顶住孩子的肩部，同时双脚弯曲托住孩子的腰部，用双脚的力量进行前后左右摇晃。

4. 大海里的鱼儿

这一训练能强化对外界环境的反应能力。适用于身体反应迟钝、本体感觉不足的孩子。

训练方法：

大人准备一条能遮住孩子全身的轻薄毛巾，然后让孩子仰躺在地板或垫子上，用毛巾在孩子正上方用力扇动出波浪形状。这样孩子能体验忽明忽暗的视觉刺激，而且扇动带起的风也会给孩子全身带来触觉体验，促进筋骨反应，强化本体感觉。

在训练时，也可以让孩子抱着毛绒玩具，这样能更加强化孩子的触觉体验和肌肉反应。

5. 过山洞

这一训练能强化身体灵活度、丰富运动企划能力、健全本体感觉。适用于容易撞墙摔倒、行动笨拙、身体协调性差的孩子。

训练方法：

①大人准备两个一样的凳子，然后用一块木板搭在两个凳子中间，可以对木板高度进行多次变换。让孩子俯卧或仰躺着从木板下面钻过去。

②调整木板高度，让孩子站在或躺在小滑板上，慢慢地从木板下面滑行过去。

③让孩子携带一些玩具、球类物品从木板下面钻过去。

强化语言发展训练

儿童的语言能力，包括发声、认字、写字、语言逻辑、组句、对话、阅读以及对词汇的认知和理解等。语言能力是由身体和大脑协调产生的，更大程度上是一种技巧。发展语言能力不能只靠知识的传授，也不能完全依靠模仿，它需要付出时间和耐心慢慢发展成熟，也需要努力和意愿来累积经验。

儿童语言能力是以先天神经遗传为基础，并在与外界环境的信息交换中逐渐发展的，它包含着非常复杂的大脑神经活动，是一种高级的智能。新生儿的语言适应能力很强，在孩子 8 个月大时，理论上可以学习任何国家的语言。但是，随着儿童不断长大，这种能力会呈现出下降的趋势。所以，对儿童的语言发展训练一定要抓住这一黄金时期。然而，一些家长总是在儿童出现口吃结巴、吐字不清、阅读困难、写字颠倒等语言问题时才开始训练，这个时候已经错过了最佳时机。

后天的语言发展训练特别重要，它是儿童智能发展的一部分，也是更高心理能力发展的基础。儿童借助语言进行复杂的思维和表达，记述思维的成果，相互交流思想、情感，从而扩大和加深了对事物的认识，丰富了自身的情绪，增强了参与社会生活的能力，使心理发展更加健康。

强化语言发展的训练原则

儿童的语言能力出现问题，大多是前庭平衡、固有感觉、脑干神经体系及知觉运动体系发展不全所导致。针对这种情况，在强化语言的发展训练中要注意以下原则。

①设计训练活动时要注重运动企划能力的发展，两者同步训练会有较好的效果。

②多做一些触觉刺激比较丰富的训练，对身体有直接触摸刺激的更好。

③除了必要的语言指导，还应该添加一些音乐，增加训练的趣味性。

④家长应该多参与到训练中去，与孩子进行一些亲子训练。

⑤应考虑到儿童内心的真正想法，不能强迫训练。

⑥训练中要注意观察儿童的情绪和意愿等反应。如果儿童对某一训练特别感兴趣，那就要多加鼓励，这样效果比较好。

⑦重视儿童的主动性，当儿童自发地要进行训练时，大人要给予必要的响应，并协助他完成。

语言发展训练的主要内容

儿童前庭感觉和皮肤触觉是语言能力发展的基础，所以，语言发展训练的重点还是要放在对前庭感觉和触觉的强化上。下面就举例说明。

①固有—前庭平衡训练

对年龄较小的儿童，家长可以背着孩子去坐蹦蹦床，这能很好地刺激儿童的前庭感觉。也可以准备一个大笼球，协助儿童趴在上面，由家长抓住两只脚保持平衡，还可以让儿童坐或躺在大笼球上。另外，用大笼球轻轻按压儿童的身体，也能够强化儿童的触觉学习，明确身体形象认知。

②身体接触训练

家长帮助儿童按摩头皮敏感位置，能够刺激儿童大脑皮质的各个感觉区。每天这样训练 10 分钟左右，有利于儿童触觉和本体感觉的发展。也可以让儿童伸展四肢躺在床上，家长在其身体较敏感部位抓痒，每天进行15分钟左右。某些儿童在刚开始会很排斥这种训练，这时就需要家长进行引导，帮助儿童逐渐适应这种感觉。

强化语言发展的相关训练

1. 圈圈训练

这一训练能够丰富即兴式运动企划能力，适用于欠缺沟通能力、词汇理解能力差、人际关系不佳的孩子。

训练方法：

①用铁丝围成一个直径约20厘米的圆圈，并用毛线绕在铁丝上面，防止刮伤孩子。然后大人和孩子分别握住铁圈的两端，互相往怀里拉，看谁力气大。

②大人与孩子分开一段距离站好，然后互相抛掷铁圈。

③在地上摆放几种玩具，让孩子投掷铁圈来套住玩具。

④让孩子将铁圈竖直拿在手里，然后把铁圈沿着地面向前方滚出去。此动作可先由大人示范给孩子学习。

⑤让孩子发挥想象力，动手将铁圈弯曲成各种不同的形状。

2. 过桥训练

这一训练能强化本体感觉和运动企划能力，适用于词汇体系发展不佳、语句组织不良的孩子。

训练方法：

①在地上用木块或砖头摆成一列，可以是直线、斜线或曲线排列。然后让孩子一步一步踩在上面走过去。刚开始时可以用脚跟接脚尖方式，慢慢往前走。等孩子熟悉后可以用脚尖先着地，脚挨脚往前走。训练时大人要时刻在旁边看护，防止儿童摔倒。

②可以适当增加难度，让儿童端着小水盆或其他物品从上面走过。

3. 兔子跳跳跳

这一训练能丰富运动企划能力，强化固有感觉的前庭平衡能力。适用于语言词汇体系发展不良、组织力不佳的孩子。

训练方法：

①将几床厚棉被叠好放在床上，然后让孩子从较高的位置跃下。其间大人要做好防护工作，以免发生意外。

②将气球倒挂在叠好的棉被上方，让孩子借助棉被的弹力向上跳跃，同时举高双手拍打气球。

4. 罐中的秘密

这一训练能强化本体感觉和运动企划能力，适用于缺乏沟通能力、过于安静和易情绪化的孩子。

训练方法：

①大人准备一个瓶口较大的罐子，并在里面放一些孩子常玩的玩具。然后让孩子将手伸进罐内取物，并说出拿出玩具的名称。

②大人指定一种玩具，然后让孩子从罐中找出来。

③让孩子将罐中的物品全部倒出来，限定时间让孩子说出所有物品的名称。

5. 打棒球

这一训练能强化本体感觉、手眼协调能力以及运动企划能力。适用于词汇体系发展不佳、语句组织不良的孩子。

训练方法：

①可以用羽毛球拍充当球棒，大人投出塑料球让孩子挥动球拍击打。

②大人将塑料球从地上滚出去，让孩子用球拍或手掌击球。

③用长木板制成一个斜坡，大人从斜坡上端把球一个个滚下来，让孩子在斜坡下端用球拍将球一个个击高。

强化左脑理解与思考力训练

俗话说“三岁看老”，这句话从现代大脑生理学来讲，是有一定科学性的。婴儿在胎内及出生的前 7 个月中，左脑的视、听、嗅、味感觉区最先发挥功能。18 个月左右的幼儿，左脑的思考力会逐渐形成。到了 26 个月时，幼儿通过感觉经验的积累和记忆的互动，就形成今后思考力的雏形。

左脑又被人们称为“关系脑”。因为当儿童进行活动时，身体感觉会

不断发生变化，这些变化之间相互联系，在经过无数次经验的积累后，就形成了一个记忆构架，负责对输入的感觉信息进行辨识。例如，当大人抱起婴儿晃动，婴儿的视觉就会发生变化，这种变化在左脑建立起大脑与视觉的关系，这种关系长期积累，就变成了左脑理解力、思考力和组织逻辑能力的来源。

左脑理解力的发展

对儿童左脑理解力的训练，应该顺应其发展的规律。在儿童小的时候，最早出现的理解力来自对外界环境的响应。这种经验信息会在左脑通过理解建立起反应的模式。在日常生活中，理解力也是最有效的内驱力之一，它能帮助儿童左脑储存和整理信息，并组成一个逻辑体系，帮助儿童去理解、组织和判断环境信息，进而做出正确有效的回应。

在左脑理解力训练中，要注意不要局限于已有的逻辑理解体系，要多给儿童创造不同的环境条件，让儿童不断地进行认知，形成新的反应，以此来促进理解力的发展。

左脑记忆力不该强制训练

左脑负责记忆，而记忆力是儿童思考力的基础，这关系到儿童学习能力的强弱。左脑的记忆力是有意识的，只要儿童出现一个想要记住的意愿，左脑就能建立起对某种感觉关系的理解，然后再与过去积累的经验和信息相结合，从而实现记忆的目的。例如，在记忆一些没有意义的数字时，左脑就会转换成某种有意义的谐音或故事来帮助记忆，这就是左脑典型的记忆方法。

但是，左脑的记忆力却不能强制训练。在学校时，老师会经常让儿童用反复朗读的方式记忆一些东西，这确实也能让儿童很快学会一些知识。

但实际上，这种死记硬背的记忆方式长远的效果并不好，对提高学习能力也没有实质性的帮助，反而会增加儿童脑部的负担，引发一系列情绪上的问题。

那么，左脑记忆力应该怎么训练呢？在生活中，我们经常会遇到这种情况：某件要说的事情已经到了嘴边，却突然怎么也想不起来了，越强迫自己想就越想不出来。但当你在吃饭、休息时，不经意地就回想起了这件事。这是因为人体在放松时会激发感觉力量，藏在潜意识里的记忆能力也就随之出现了。所以，对儿童的记忆训练应该在儿童自愿、放松的环境下进行。其实，对儿童来说，只要他们感兴趣的东西，就一定能学习得很好。因此，左脑的记忆力训练应该以儿童的兴趣为主。只要是儿童喜欢的，就是好的。

强化左脑理解与思考力的相关训练

1. 眼睛、鼻子、耳朵

这一训练能强化左脑思考架构，建立理解和组织能力。适用于关系思考架构混乱、本体感觉不良、语言组织能力差的孩子。

训练方法：

①大人与孩子面对面坐好，然后大人分别摸孩子的眼睛、鼻子和耳朵，并让孩子说出是什么名称、有什么作用。

②大人说一种面部器官，然后让孩子在大人的脸上摸出来。

③准备一些介绍面部器官的图画书或卡片，让孩子观察和理解更多的异同点。

2. 大力士

这一训练能帮助理解身体和感觉变化之间的联系，建立本体感觉。适用于理解能力差、身体不协调、表达能力不佳的孩子。

训练方法：

①用废纸张一层一层揉成一个大纸团，然后用胶布缠起来。让孩子朝不同方向把纸团扔出去，并指导孩子力气大小与所扔距离之间的关系。

②在地上划定一个范围，然后让孩子将纸团准确地丢进去。

③引导孩子表达扔东西时的身体感受以及经验技巧。

3. 撕纸、贴纸

这一训练能强化左脑组织架构能力，促进大小肌肉和手眼协调性。适用于理解力和组织力不佳，思考结构、关系概念混乱的孩子。

训练方法：

准备一个篮子、彩色纸、胶水、图画纸。让孩子将彩色纸随便撕成大小、形状各不相同的纸块，然后用双面胶水将纸块随意贴在涂画纸上，并引导孩子说出他在干些什么，表达出选择纸块颜色和形状的理由，以及在图画纸上重新拼成的图案的意义。

4. 被咬的感觉

这一训练能强化感觉与思考的关系，促进表达能力的发展。适用于关系思考结构混乱、表达能力差、常常文不对题以及本体感觉不佳的孩子。

训练方法：

①大人准备一个纸盒，在其中一面画上鬼脸，并在嘴巴的地方割开。然后大人拿着纸盒用上面张开的大嘴咬孩子的脸颊、手指等部位，并引导孩子说出被咬时的感觉和想法。

②准备一些可以操控的玩偶，然后张开玩偶的四肢抱住孩子触觉较敏感的部位，并引导孩子说出感受。

③大人用两个枕头做成一个大嘴巴的形状，然后挤压孩子的四肢和身体其他部位，并引导孩子说出感受。

5. 脸上的表情

这一训练能强化对感觉的思考表达能力，丰富固有感觉。适用于欠缺分辨和判断能力、关系思考结构混乱、语句组织和表达能力不佳的孩子。

训练方法：

①大人把孩子抱坐在腿上，并轻轻将孩子的眼皮往上斜拉几下，再往下斜拉几下，并引导孩子说出感受。

②让孩子自己拉扯嘴巴和眼睛，想想此时的脸部表情是什么样，并引导孩子表达出来。

③让孩子对着镜子挤眉弄眼，做出不同表情，并表达出心里的想法。

强化右脑想象力和创造力训练

儿童前叶脑的右脑功能区，是观察、想象和创新能力的基础。与左脑的思考、理解和记忆能力不同，右脑的学习是完全不累积的。右脑负责真正地去感受生命中的喜悦、悲伤、委屈等各种情感，它引导着儿童各种情绪的成熟。右脑没有储存、没有记忆、没有成见、没有意识形态，是完全新鲜的、活生生的，充满了想象力和创新力。

例如，当我们面临从未遇到过的危险情况时，左脑的旧有经验和知识就不能帮助我们做出反应了。这时，右脑的创新力会在一瞬间产生，引导着身体爆发出无限的潜能来躲避危险。所以，右脑做出的反应是针对当下环境的，更属于一种身体智能，或者说是一种潜能。只有儿童亲自去做，才能慢慢地开发出右脑的功能。

右脑和左脑必须均衡发展

对于儿童来说，左脑负责旧经验的积累，右脑负责新环境的接受；左脑帮助理解过去，那么右脑就帮助掌握现在。左右脑均衡发展，同步训练，才能真正发挥出儿童的想象力和创造力。

右脑的功能对儿童来说是非常重要的，它能够帮助儿童更深刻地探索这个世界。但大部分儿童的左脑相对来说比较发达，而右脑的用武之地就显得很少了。所以，要想解决这种问题，就要在使用左脑时，又不执着于左脑。当左脑完全放松了，右脑的功能就会自然显现出来。

所以，强化右脑的训练绝不是去刻意压抑左脑的功能，也不是单纯地提高右脑的能力，只有左右脑均衡发展，才能相辅相成，更好地发挥出各自的用处。要想满足这一点，就需要儿童身体各器官和神经体系相互协调，促进左右脑感觉信息的顺利整合。而一旦左右脑运作失衡，就会引发思维混乱，给儿童的生活和学习带来很大的阻碍。

正确认识强化右脑的训练

一说起右脑功能的训练，很多人都会想到绘画、涂鸦、听音乐、朗诵诗歌，甚至还有认字、心算、速算等。因为他们认为这些活动能很好地激发想象力和创造力，促进右脑的发展。可实际上，这种想法是非常片面的、不科学的。

直觉、记忆、声音和图形信息的输入，的确需要一定程度上的想象和创作，但这些活动大部分还是旧有知识和经验的学习，是潜意识层面上的，属于左脑的运作范围。因为所有和记忆、积累相关的学习都来自左脑。左脑不仅会累积自己的经验和知识，也会累积别人的经验和知识。

相反，右脑的学习是一种全神贯注的接受，是一种六感齐发的警觉状态，也是一种记忆的突破，它不会残留，更不会累积。所以，右脑的训练必须身心放松，忘却所有的旧知识和旧经验。当注意全部集中于此时，右脑的想象力和创造力就会自然产生。

强化右脑想象力和创造力的相关训练

1. 踢毽子

这一训练能建立起对身体反应的自信心，促进右脑功能发展，强化本体感觉和运动企划能力。适用于反应迟钝、焦虑紧张的孩子。

训练方法：

①准备一个羽毛毽子，大人指导孩子用脚进行最基本的踢法练习。

②大人和孩子分开站在两边，然后互相踢毽子给对方。

③等孩子慢慢熟悉以后，大人可以指导孩子进行更多花式的踢法练习。

2. 模仿动作

这一训练能提高应对各种环境变化的能力，强化运动企划能力。适用于易情绪化、反应迟钝的孩子。

训练方法：

①播放一些轻松的音乐，大人和孩子面对面坐下。大人用手分别触摸身体各个部位，然后让孩子模仿大人的动作。

②大人用手指做出各种有趣的手势，然后引导孩子进行模仿。

③在电视上播放各种孩子喜欢的动物或卡通角色，然后让孩子模仿它们的动作、表情和声音。

④大人在纸上画一些简单的形状，等孩子观察以后再让他们模仿着重新画出来。画完以后还可以让孩子对两幅画进行比较，然后再做一些改进。

3. 跨越障碍

这一训练能提高孩子处理困难的能力，强化运动企划和本体感觉。适用于反应不灵敏、容易焦躁、固执的孩子。

训练方法：

①大人躺在地上，让孩子从侧面翻过大人的身体。大人可以在训练过程中保持不动，也可以稍微移动以适当增加难度。

②大人俯卧在地上，用四肢撑地向上弓起身体，然后让孩子从身体下面钻过去。

③父母面对面蹲好，双手互相交叉握紧，然后让孩子跨越父母的手臂。可以适当增加手臂高度，也可以让孩子坐在手上，将他抬高并轻轻摇晃。

④妈妈拿着孩子喜欢的玩具吸引他过来，爸爸则站在中间用各种动作阻挡孩子，让他躲闪过去才能拿到玩具。

4. 探索声音

这一训练能引导孩子了解声音和身体之间的关系，加强本体感觉和运动企划能力。适用于反应不灵敏、易情绪化的孩子。

训练方法：

①大人将孩子抱在腿上，然后给

孩子唱些儿歌或发出一些有趣的声音。大人在发音时，让孩子触摸大人的嘴唇和声带，感受这些部位的振动和声音之间的关系。

②指导孩子发出高低不同的声音，同时让他用手触摸自己的嘴唇和声带。

③教孩子吹小喇叭或其他乐器，让他感受嘴唇、舌头与吹气的技巧，并注意声音的抑扬顿挫感与身体操作间的关系。

5. 这是什么声音

这一训练能够让孩子安静下来专心体会感觉信息，并做出适当的反应。适用于判断力差、不够细心、焦躁、易情绪化的孩子。

训练方法：

①准备几个空竹筒或不透明的塑料瓶子，在里面分别装上数量不同的铜板、弹珠或其他材料的东西。然后在孩子耳旁轻轻摇动瓶子，让他聆听不同瓶子发出的音色，并判断哪个瓶子里装的东西多，哪个瓶子里装的东西少，装的是什么东西。

②让孩子背对着大人，然后大人弹奏各种乐器或者敲打不同的器皿，让孩子分辨相同的和不同的声音，并说出乐器和器皿的名称。

在游戏中培养孩子的人际交往能力

人是群体动物，每个人都无法离开集体。对于儿童来说，需要从别人那里获取有用的信息，学习别人的经验技巧，与别人互相沟通协调、共同完成一些事情。所以，人际交往也是儿童很重要的一个能力。

现在的儿童，大多被父母娇生惯养，很多孩子养成了自我和任性的性格，几乎任何事情都要让家长代劳，存在很严重的依赖心理，缺乏集体感和团队精神。这些儿童在与其他小朋友相处时非常困难，容易产生矛盾。另外，现在的儿童缺少与大自然接触的机会，感受不到来自大自然的信息和快乐。很多儿童整天都窝在家里上网、看电视、打游戏，这些不良的生活习惯剥夺了儿童主动与外界交流的机会，让儿童总是被动地接收信息，限制了他们的想象力和主动性。长此下去，儿童与别人接触的机会变得越来越少，人际交往能力也会变得越来越差。

所以，家长有必要在早期开展一些游戏活动，来帮助儿童发展人际交往能力，以弥补孩子这方面的不足和缺陷。

人际交往能力的发展

对于刚出生的婴儿来说，人际交往能力的发展主要体现在模仿上。例如在医院婴儿房里，新生儿只要听到其他孩子哭，就会跟着哭。但对于其他的声音，新生儿的反应就不是很强烈了。所以，这种模仿能力更属于本能反射的制约行为，但这仍是人际交往能力中不可缺少的发展阶段。

等孩子稍微大一点，早期的人际交往能力就进入了积极发展的阶段，这个时候幼儿会模仿各种声音。例如，在幼儿牙牙学语之前，对他发出某种较简单的、奇特的声音，那么幼儿听到后就会用一种自发性的声音作为回应。用不了多久，幼儿就可以实现对这种声音的模仿。

8~9 个月大的婴儿，会尝试用较复杂的行为来发展人际交往能力。例如招手再见的动作，虽然婴儿并不能了解其中的含义，但也能很快地学会挥手。另外，婴儿也会尝试着发出属于自己音色的声音，并开始模仿大人说话。

但是，人际交往能力的长远发展并非仅仅靠模仿就能完成，它也需要开展一些游戏活动来强化。如果说模仿能使幼儿调整自己迎合新的环境信息，那么游戏活动就是幼儿努力同化环境的需要、丰富自身情绪的过程。游戏对儿童来说是快乐的标志，能引发和谐的人际关系。当儿童发展出较为积极复杂的行为动作时，家长就要对其进行有关的游戏训练了。游戏活动在人际交往能力的发展中是非常重要的，也会给儿童带来更多加强感觉统合的机会。

建立规则意识很重要

在进行游戏的过程中，帮助儿童发展出正确的规则意识是非常重要的。在集体活动中的规则，是处理人我关系的重要行为标准。但由于这些规则是特定成员所共同遵行的，所以必有其时间及空间的限制，尤其是时间方面的差异，对儿童人际行为的发展影响颇深。

研究表明，在游戏中制定有效的规则，不仅有利于儿童人际交往能力的发展，还能促进儿童的人格成长，甚至影响其道德规范认知的形成。因此，儿童在游戏中应该具备主动适应规则的意识和能力。

3 岁以前的儿童，对一些操作性的游戏非常感兴趣，但这时他们并没有规则意识。4~5 岁的儿童，在他们知晓了游戏的规则后，会主动学着运用，但他们总是喜欢站在自己的立场上去解释这些规则，所以儿童经常会在游戏后不服气地表示："我没输！"

随着参与游戏次数的不断增多，儿童会进入一个"制约性规则阶段"。

在这个时期，儿童会逐渐发现游戏规则的意义及其方便性，认为这些规则是比较有力量的人发明的，如大孩子、老师、父母等，所以儿童会非常认真、一丝不苟地去执行这些规则。

儿童 6 岁以后，其心智进一步发展，他们会感觉规则不再是神圣不可侵犯的。有时候，儿童还会在游戏中互相商讨，尝试重新建立属于自己的规则。这便是人际交往能力的雏形。

10 岁以后的儿童，已经可以在游戏前主动与别人约定好规则，并且会自觉遵守。于是，儿童的人际交往能力就在此时发展出了更多的积极主动的元素。

家长要采取正确的管教方式

儿童在与其他小伙伴进行游戏时，对规则的遵守程度以及友好相处的能力，很大程度上取决于父母对孩子的管教方式。因为在儿童早期的生活中，父母的管束是大部分的规则来源。然而，并不是每个家长都是心理专家，免不了会犯错误。很多家长为了让孩子听从自己的命令，经常采取恐吓、威胁和哄骗的手段。这样即使达到了目的，孩子心里也会不乐意，并逐渐产生对规则的排斥心理，使儿童的人格成长受到扭曲。

但是，在与其他儿童的交往中，遵守规则、正义平等的观念是十分重要的。特别是在学校学习时，同学之间更容易触发强烈的连带意识，制定出一套所有人都应该遵守的规范。而那些不愿意遵守规范、经常打破规则的人，就会受到同学们的排挤。

所以，单方面的强制力量不能帮儿童建立起良好的人际关系。家长应该采取温和的管教方式，以平等的姿态来对待孩子，务必考虑到儿童的内心感受。这样，儿童才能主动地认知人与人之间的关系，以合作和谐的态度与别人相处，从而收获更多的朋友。

第六章 各类问题儿童的感觉统合训练

相对于正常孩子来说，各类问题儿童（如智力迟缓、缺陷多动症、抽动症等）更有可能患上感觉统合失调。另外，由于这类问题儿童的情况与正常儿童有所不同，所以有关的训练方法也要进行调整。本章详细说明了各种问题儿童的情况和训练原则，并列举了一些具体的训练方法，意在加强对问题儿童的特殊教育，唤起社会对这类儿童更多的关心和爱护。

智能迟缓儿童

智能迟缓是因遗传、环境不良因素导致的个体脑功能发育迟滞，其核心特征是认知障碍和社会适应行为障碍，也可能伴随有运动障碍、感觉障碍、情绪行为障碍等。障碍程度有轻度、中度、重度和极重度之分，在每一障碍程度之内，不同个体的心理、行为也有多个方面的差异。受这些障碍影响，智能迟缓儿童普遍存在感觉统合能力发展不足的问题，而且障碍程度越大，感觉统合问题就越严重。所以，对智能迟缓儿童进行感觉统合的训练，是改善该类儿童障碍问题最常用的手段，它不仅可以有效提高感觉统合能力，还能对运动能力、认知能力及心理健康状况产生积极影响。

智能迟缓儿童在各类问题儿童中所占的比例非常大。因此，及早改善智能迟缓儿童的身心问题刻不容缓。但由于智能迟缓儿童在生活和学习方面较普通感觉统合失调儿童又有很多差别，所以智能迟缓儿童的感觉统合训练也需要根据障碍程度进行特殊的支持和指导。

大脑的 8 种智力

在训练前，需要对智能迟缓儿童进行全面的智力测评，在明确智能情况后才能更好地实施训练。一般的智能测试主要集中在语言智力和逻辑数理智力上，美国哈佛大学心理学教授加德纳指出，人的大脑至少由 8 种智力构成，而且每一种智力都在大脑中有相应的位置，存在着脑功能的不同定位。如果脑部某个部位受到外力损伤，也有可能造成智力障碍。

加德纳提出的 8 种智力现列举如下。

①语言智力：指读、写和灵活运用词语进行交流的能力。

②逻辑数理智力：指推理和计算能力。

③空间或视觉智力：指感受、辨别、记忆、改变物体的空间关系，并借此表达思想和情感的能力。

④音乐智力：指感知、理解、表现和创编音乐的能力。

⑤身体运动智力：指个体运用四肢和躯干的能力。

⑥人际智力：指与他人相处和交往的能力。

⑦内省智力：指洞察、了解自己和自我调节的能力。

⑧自然智力：指对自然界的认识和适应野外生活的能力。

感知觉和认知能力训练

儿童的感知觉和运动能力都得到了充分的提升，智力才能有良好的发展。家长可以通过让孩子看、注视、追踪彩色的运动的物体来训练孩子的视觉；通过让孩子寻找能发出声响的玩具、听音乐、给孩子读故事等来训练孩子的听觉；通过和孩子拥抱，用粗毛巾擦儿童身体，让孩子翻跟头、玩沙土、游泳等来训练孩子的触觉；多带孩子到大自然去体味丰富的色彩、声音、气味的刺激；教孩子认识日常用品，还要多教孩子一些常识，如一星期有几天、太阳从哪边出来和落下等。

智能迟缓儿童的相关训练

一般情况下，智能迟缓儿童的感觉统合训练刚开始时要选择操作难度低、心理压力小、安全性高的设备，然后逐步过渡到操作难度高、心理压力大的器材上训练。在具体的选择器材问题上，还要综合考虑儿童障碍的性质、程度、个性特点、发育水平等因素来决定。

主要的训练方法有以下几类。

1. 球池蹲跃戏水

该训练主要运用器材为海洋球池。

儿童依次完成三个项目：

①睁眼蹲跃：儿童在睁眼状态下，完成下蹲后站立、下蹲后跃起、下蹲后跃起并转体的动作。

②闭目蹲跃：儿童在闭目状态下完成第一个小项目。

③蹲跃抓球：儿童跃起后直入球池并抓握指定颜色的球或双手分别抓握不同颜色的球。

儿童训练每个小项目需重复多次，而且在完成第三项目时可能会遇到颜色辨认困难的问题，需要多次训练方可实现。

2. 上下蹦床

该训练主要运用器材为蹦床。

①坐式上下床：儿童背靠器材坐于床面边缘，双手后撑、身体后仰，同时转体带动下肢离地登上蹦床，随后反向操作下蹦床。

②爬式上下床：儿童面对蹦床，跪于床面边缘后爬上蹦床，或者跪撑

在器械旁，同侧肢体先上再带动对侧肢体移动爬上蹦床，也可以背对床体，双手撑地，下肢先登上蹦床。随后反向操作下蹦床。

③前滚翻上床：儿童面对蹦床，跪于床面边缘后双手撑床边，头抵床面，下肢发力带动身体前滚翻上床。前滚翻下床并不适合智能迟缓儿童，所以这里不进行介绍。

④走式上下床：儿童正走、倒走、侧走上下床。

⑤跃式上下床：儿童距器材适当距离并面对蹦床站立，屈膝随即下肢发力跳跃上下蹦床。

该训练要依据儿童障碍程度或现有动作技能，训练其掌握多种上下蹦床的方式，提高肢体间动作协调能力。训练人员要为儿童提供近身保护或扶持儿童的动作，以此消除儿童心理上的紧张情绪，防止从蹦床上滑落。

3. 花样走

该训练主要运用器材为平衡木。

①学习多种走法：训练人员示范正走、侧走、倒走、交叉走等走法，然后让儿童学习不同走法并理解不同走法的含义。

②依预设指令走：训练人员提前告知并示范儿童需要完成的走法，如“15 步快速侧走”“5 步慢速正走后 10 步快速倒走”等，然后儿童

依训练人员预设指令完成相应操作。预设指令要视儿童的表现加以调整。

③冥想操作完成情景：对于认知能力较好的儿童，在完成训练后可以让其闭目冥想训练的过程。

该训练对提高智力迟缓儿童的动作技能水平有重要意义，它通过相对复杂的多运动器官参与的躯体活动，来提高儿童的本体感觉能力。

4. 星际探宝

该训练主要运用器材为大陀螺、海洋球、触觉球、网球、乒乓球、弹力球等。

①宝物布置：大陀螺周围放置大小不同、多种颜色的海洋球、触觉球、网球、乒乓球、弹力球等，让儿童在大陀螺中旋转时抓取。

②探宝聚宝：儿童依训练人员指令在旋转的同时将相应小球搬运至大陀螺内。指令内容涉及小球的种类、颜色、单次搬运数量、抓取球所用手等。

该训练的用球直径不宜太小，也不宜散发香味，以免儿童误吞。训练人员提出的指令复杂度要根据儿童表现进行适当调整。

多动症儿童

多动症在临床上又称注意缺陷多动障碍，指的是儿童早期发生的认知、神经发育异常的综合征，主要表现为注意力、抑制力、情绪状态调整能力上存在困难。多动症的发生率较高，而且男孩的发病率明显高于女孩。但另一方面，好动也是孩子的天性。日常生活中，很多家长都认为孩子有多动症，但最后真正确诊的只有 17.6%，这说明家长对孩子的要求过高或限制过多。

研究表明，感觉统合失调是儿童多动症发生的重要原因，所以感觉统合训练是改善该类儿童病情的主要手段，在训练时须坚持两个基本原则：训练项目的统合程度要高，在训练周期中要以综合训练为主；要进行高位统合训练，训练活动尽可能包含相对复杂的认知、言语内容等。

家庭教育训练

家长需了解多动症儿童的行为、品性以及生长发育的特点，在生活中进行积极的行为支持及干预。多动症儿童在日常生活中常有多动、冲动、注意力缺乏、顾此失彼等问题，家长对于儿童的一些不良情绪行为问题，要宽容、理解、支持并接受现实，既不能歧视、责骂或殴打他们，也不能以“病”为借口而过分迁就，使他们更加任性好斗。家长要耐心地寻找解决此类问题的方法，通过有针对性的心理辅导、行为矫治来减少儿童的过多活动或不良行为，提高儿童抗挫及抗压能力。

另外，家长与儿童的关系要协调，消除家庭中导致多动症的不良刺激或精神紧张因素，缓和家庭气氛，防止因家庭因素使孩子心神不宁、焦虑紧张。家长还要认识到多动症儿童问题的持久性，做好长期训练的心理准备。

生活上的调节

家长应该教导孩子勤洗手、不含咬铅笔头，尽量避免让孩子在大马路边玩耍，少吃或不吃含铅量高的爆米花、松花蛋等。让儿童从小养成按时作息、起居的生活习惯，保证充足的睡眠时间，让孩子从有规律的生活中培养专心致志的习惯。

对于确诊多动症的儿童，可以让其多吃鱼类，鱼类脂肪中含有大量多不饱和脂肪酸，对脑细胞的发育有重要的作用，还可以改善脑功能，提高记忆力、判断力。还可以让儿童多吃卵磷脂和富含B族维生素的食物，如瘦肉、蕈类、豆制品、谷类食物等，这对改善记忆也有帮助。另外，还要经常食用富含蛋白质的食物，如鸡蛋、牛奶等，它们可使体内有关氨基酸增多，缓解多动症。在微量元素方面，应食富含铁和锌的食物，如动物肝脏、动物血，以及鱼、虾、牡蛎、海带等海产品。为了平衡膳食，每天还应食用新鲜蔬菜和水果。

药物辅助治疗

某些中枢神经兴奋剂如哌甲酯、右苯丙胺、甲基苯丙胺、匹莫林等对治疗多动症有效果，但易产生食欲下降、失眠、头痛、胃痛、易怒、生长缓慢、抽动等不良反应。所以，对正处于生长发育关键期的儿童而言，采取药物治疗要格外慎重，只有当症状较为严重而且影响到孩子的学习和家庭及学校的秩序时，才能遵从医嘱进行药物治疗。

多动症儿童的相关训练

对于大多数多动症儿童来说，他们的运动、感知、认知和沟通等基本能力比较好，所以可以采取以触觉、本体感觉和前庭觉某一领域为基础，并同时涉及多个感觉通道的训练。

主要的训练方法有以下几类。

1. 球池游戏

该训练运用的主要器材为海洋球池。

①水中作画：儿童从池壁上闭眼扑入球池，然后仿照数字、字母或几何图形进行爬行或行走。

②兴风作浪：儿童坐或躺在球池中，上下肢划拨、翻腾池球，让里面

的球涌动起来。

③围湖造田：儿童坐或跪在球池中，双手快速挑拣黄色球依池壁内侧聚拢，象征着土地；然后在黄球上层摆放绿色球，象征着植物；最后在上层点缀红球，象征花朵或果实。

④海底探宝：儿童通过肢体触觉搜寻散落在球池中各种颜色的球。

进行该训练时，训练人员要进行口头或动作示范，然后指令训练项目要求儿童完成。训练人员的指令可以进行多次，直到儿童理解该项目的要求，再对儿童的完成情况进行支持、引导和评价，然后再进行下一个项目。训练人员也可以一次做出多个指令，并要求儿童重复，再让其依次完成训练。

2. 花样舞步

该训练主要运用的器材为宽面直平衡木和S形平衡木。

让儿童在平衡木上进行拖步行走（平衡木上一脚行进，另一只脚轻触支持面拖动跟进）、两脚交替行走、踮脚尖走、跨步行走（两脚交替加大步幅行进）、高抬腿走、合作行走（两个儿童面对面，双手相握同时完成行走动作），在进行这些训练时，可以让儿童在睁眼或闭眼状态下交替进行前进或倒退。

训练人员要注意调控儿童的行进速度以及行进方向，也可以在儿童行走中进行提问，如成语、数学运算等。对于不熟悉操作技能的儿童，要让他先在地面上进行练习，待熟练掌握技能后再在较宽的平衡木上训练。在儿童闭眼进行训练时，训练人员要给予儿童近身的防护。

3. 穿越雷区

该训练主要运用的器材为按摩球、足球、篮球、吹花球、网球、气球等大小颜色不同的球类，还有玩具汽车若干。

将玩具汽车间隔一到两米进行不规则排布，在中间散乱放置各种小球，让儿童依指令快速移动并踢飞小球，飞球不得撞击玩具，儿童也不得碰玩具。

将球类散布于更大范围，象征地雷。然后让儿童戴着眼罩，在训练人员的言语提示下小心跨过地雷，接近玩具车，并用手推着玩具车离开雷区，直至将所有玩具车开出雷区为止。

儿童依训练人员指令用脚搓动足球在雷区的多个方向移动，足球及脚均不得碰触地雷。

训练人员可以让儿童在正式训练前先观察玩具车的位置及行进线路，训练时要不停地发出指令，且要非常明确，便于儿童按指令精确操作。训练人员也可以随时变换指令，并改变行进线路。一旦触雷，要重新开始训练。另外，训练时也可以播放一些讲故事的音频，并在完成训练后对故事的内容进行提问。

4. 羚羊舞步

该训练主要运用的器材为羊角球。

让儿童在羊角球上进行原地转圈。

让儿童在羊角球上连续折线跳，行进路线如多个“Z”首尾相接，并交替进行睁眼和闭眼的训练。也可以在训练过程中，对儿童进行知识提问。

训练前儿童首先要熟练掌握羊角球蹦跳的基本技能，以适应操作环节的快速变化以及挑战性更大的训练项目，从而使各感觉系统间的整合度提高。

抽动症儿童

抽动症又称小儿抽动秽语综合征，是一种慢性神经精神障碍的疾病。大部分儿童在 4~12 岁发病，男孩多于女孩，患儿常常存在多种共病情况，如多动症、强迫障碍、行为问题等。

抽动症的表现是不自主的、突发的、快速重复的肌肉抽动，在抽动的同时常伴有暴发性的、不自主的发声和秽语。这些症状先从面、颈部开始，逐渐向下蔓延。抽动的部位和形式有很多种，如眨眼、斜视、噘嘴、摇头、耸肩、缩颈、伸臂、甩臂、挺胸、弯腰、旋转躯体等。发声性的抽动表现为喉鸣音、吼叫声，并逐渐转变为刻板式咒骂、陈述污秽词语等。有些患儿在不自主抽动后逐渐产生语言运动障碍，部分还产生模仿语言、模仿动作、模仿表情等行为。患儿的病情常有波动性，时轻时重，有时可自行缓解一段时间。抽动的部位、频度及强度均可发生变化，在紧张、焦虑、疲劳、睡眠不足时可加重，在精神放松时减轻。患儿的智力一般正常，部分患儿可伴有注意力不集中、学习困难、情绪障碍等心理问题。

心理行为训练

根据抽动症儿童的发病特点，在儿童抽动发作时家长不要强制进行控制，最好是采取注意力转移法。例如，当发现患儿抽动明显时，可以让其帮助拿一些东西或做些其他轻松的事，通过肢体的有目的活动逐渐减轻和缓解抽动症，并以此来减轻由抽动带来的紧张焦虑情绪和自卑感。

认知支持训练

家长要特别注意，在儿童抽动时不要对其进行责骂批评，因为此时儿童的心里已经感到无助和自卑，过分地责怪儿童只会进一步加重病情，助长不良情绪。所以，家长最好能在心理医生的指导下，对儿童进行认知支持训练，并与儿童一同分析病情，正确客观地认识抽动症。这样能帮助儿童逐渐增强克服抽动症的信心和决心，减轻内心的自卑感。这种训练方法在促进抽动症康复、消除心理障碍上有很好的效果。

药物辅助治疗

如果抽动症儿童的症状很严重，应尽早采用药物治疗，多巴胺受体阻滞剂有较好的疗效，还有其他治疗抽动症的药物如氟哌啶醇、哌咪清、硫必利等。同时，含咖啡因的饮料可能加重抽动症状，所以要避免儿童食用含食物添加剂、人工色素、咖啡因和水杨酸的饮料和食品等。

抽动症儿童的相关训练

抽动症与儿童的神经系统发育有关系，如果儿童的神经系统发育不完善，就有可能导致抽动的症状。所以，感觉统合训练能使儿童大脑神经系统的连接更加成熟有效，是缓解抽动症状的有效方法。随着感觉统合能力的不断提高，儿童能逐渐适应周围的环境，培养起自信心，克服不必要的紧张焦虑情绪。

主要的训练方法有如下几类。

1. 滚筒训练

该训练主要运用的器材为滚筒。

儿童卧于滚筒内，头部、上肢伸出滚筒外，下肢伸直。训练人员先小幅度推动滚筒，让儿童左右摆动以适应滚动。对于年龄较小的儿童，训练人员要注意根据儿童的反应实时调整训练进度，逐步增加推滚的幅度。

儿童先取站立或半蹲位于滚筒前，自然仰卧或俯卧于滚筒外，与滚筒长轴垂直。训练人员站于筒体侧，两手托于筒体，双臂夹住儿童腰部，两腿开立，儿童下肢伸直于训练人员两腿间，训练人员双手小幅度前后推动滚筒，让儿童适应滚动。然后，训练人员双手握住儿童下肢的适当位置推动滚筒，运动幅度、速度、前后转换逐步增加。

在刚开始进行此项训练时，可以在体操垫上滚动，不要直接在硬质地板或地毯上训练，以免儿童因动作不熟练导致头部撞击地面。另外，儿童的手臂不要交叉于胸部，以免翻滚时垫压。

2. 坐摆身体

该训练主要运用的器材为独脚凳。

儿童坐于独脚凳上，屈膝、两脚撑地，训练人员双手持儿童双肩，前后左右摆动儿童的身体，让其感受在各个方向上的失衡及恢复平衡的感觉，并逐步增加摆动的幅度和速度。

儿童单手持握凳面边缘下蹲，同时将凳置于臀下，然后起立，左右手交替操练。接着再用双手持握凳面边缘，凳面贴臀部完成下蹲并坐于凳上。过程中训练人员要手扶儿童双肩，维持儿童身体的大致平衡，确保儿童顺利下蹲并坐稳。

训练人员双手把持儿童双肩，使其躯干及头颈保持相对静止，然后让儿童自主进行下肢多方式的运动，如屈伸、抬腿、双腿分合等动作。

儿童下肢伸直，两腿分开呈 V 字形，训练人员帮助摆动儿童身体，这样反复几次后再让儿童双腿并拢摆动身体，也可以让其一腿搭在另一腿上摆动身体。

3. 踩踏车训练

该训练主要运用的器材为平衡踩踏车。

儿童取蹲位或立位，刚开始训练时手握脚步器两侧扶手，双脚交替用力蹬踏，带动踩踏车直线行进。可以根据儿童的表现另外进行直立位、半蹲体姿的训练，也可以进行睁眼或闭眼训练，并变换踩踏的节律。

可以让两个儿童肩并肩、手拉手进行合作训练，同时训练场地要平坦无异物，防止儿童蹬速过快而跌倒受伤。

4. 平衡台训练

该训练主要运用的器材为平衡台。

①三台卧荡：儿童屈膝仰卧位于三块平衡台上（胸肩部、臀部、脚部各一块），儿童依训练人员指令或示范完成上肢左右摆动，诱发身体失衡及失衡的控制。

②走平衡台：在训练人员的扶持下，儿童在多个平衡台间行走。刚开始时可以让儿童完成两步一台，然后再完成一步一台，随着训练水平的提高，台间距、步幅和速度也随之增加。

③台上跳跃：儿童跳跃上下平衡台，或在平衡台间跳跃移动。训练人员要注意在儿童跃上、跳下时给予近身保护。一般采取单台跃上或跳下，对于双层平衡台的训练需谨慎实施。

随着平衡台构型的改变，训练内容会有多种变化，训练人员要结合儿童的需要，综合考虑训练内容、组织形式、基本方法和强度控制等问题，实施合适的训练活动。

自闭症儿童

自闭症也称孤独症，是儿童发育障碍中最为严重的疾病之一，也是一种广泛性发展障碍。自闭症儿童主要表现为不同程度的言语发育障碍、人际交往障碍、兴趣狭窄和行为方式刻板，感知、语言、情感、社会交往、运动等能力有明显障碍。

自闭症儿童的视觉、听觉、触觉、前庭觉、本体感觉等多个方面存在不同程度的异常，影响其感觉间的信息统合和整体把握。这类儿童容易忽视视觉、听觉的刺激，但对某些特征性的声音或细节会非常关注；他们的皮肤觉过度敏感或有迟钝表现，如不喜欢或逃避穿特定质地或款式的衣服，也有可能会偏爱某种衣服；在人际交往中，当这类儿童受到正常触摸时，会发出尖叫等异常反应；在前庭觉上，大部分自闭症儿童缺乏足够的敏感性，如喜欢看旋转物体、长时间做旋转类活动且无眩晕现象；这类儿童运动能力虽强，但本体感觉发展不完善，运动企划能力也明显不足。

感觉统合训练能够有效改善自闭症儿童的症状，可以给儿童带来刺激触觉，提高其前庭觉敏感性和本体感觉能力，发展感觉与动作的统合能力，提升运动企划能力。同时，训练过程中也可以提高儿童对周围事物的关注度，改善其身体概念和空间概念，促进其社会交往能力的发展。

日常行为训练

行为训练是根据学习原理来处理自闭症儿童的行为问题，是一种有效的、系统的矫正行为的方法，对自闭症儿童的情绪发展也很有好处。

当自闭症儿童出现一些轻微的行为问题时，可让儿童保持坐姿或站姿，并将手放在头上，然后从头部开始，向肩部、腰部、腿部转移，每个部位要停留 15~30 秒，如果儿童有一定的语言表达能力，可以让他自己数数来计算时间，这也能在一定程度上分散其注意力。让儿童一直持续这样的训练，一直到异常行为消失为止。

当自闭症儿童发生扯头发、打头、用头撞墙、咬手、在地上打滚等严重行为问题时，如果没有影响到儿童自身或他人生命及财产安全，家长可以不予理睬，最好能在儿童情绪好转前不去正眼看他，这样他的这些行为反而会逐渐停止，随后家长再对其进行训练，效果会更好。

另外，家长还应在儿童表现正常时，充分运用表扬、鼓励等方法给予间歇性强化，以增强其良好情绪的保持。当儿童通过训练从异常状态中恢复时，家长还要积极鼓励他们通过各种形式将心中的感受表达出来，这样可以促使儿童与人沟通，并逐步引导他们通过主观努力去解决行为问题，以达到用沟通促进自我控制力发展的目的。而对于一些表达能力较差的儿童，则可以让他们使用沟通板、图卡、手势以及简单的字词等来表达内心的要求、愿望，从而缓解压力和不愉快，进而逐步控制和稳定自身行为。

自闭症儿童的相关训练

感觉统合训练是一种治疗手段。训练依照这类儿童的生理及心理发展的特点，设计出与其相契合的游戏活动，其中包括利用吊台、滚筒、羊角球等器材，让自闭症儿童在多种有变化的活动过程中，得到丰富且适当的感觉刺激，以促进感觉统合功能的正常化。在训练中，儿童比较容易接受这些活动，能够慢慢适应新的环境，并与训练人员或其他儿童形成良性互动，有利于缓解自闭倾向。

主要的训练方法有如下几类。

1. 压马路

该训练主要运用的器材为滚筒、瑜伽垫、平衡步道。

儿童在睁眼或闭眼的状态下，卧在地面上，并在身上放置一块瑜伽垫，训练人员用滚筒来回滚压瑜伽垫的同时，还要让儿童表述滚压的动作或所压身体的部位。

儿童在睁眼或闭眼的状态下，将平衡步道卷于身上，卧于地面，然后训练人员用滚筒来回滚压儿童。

让儿童闭眼进行的训练感受性强、强度大，对于自闭症儿童来说，他们很抵触闭眼的动作，闭眼的时间也很短，所以训练人员要鼓励并监督儿童在闭眼状态下完成此训练。另外，训练所用滚筒不宜过重，且训练人员力度不宜过大，以防压伤儿童，但如果儿童感觉无碍，可以适当加大滚动的力度和幅度。

2. 旋转飞人

该训练主要运用的器材为吊台和羊角球。

儿童坐或卧于吊台上后，训练人员推动吊台，做小幅度的摆荡。在摆荡过程中，训练人员要注意儿童的手是否抓住吊绳及身体是否稳定，可轻拍儿童身体并与其交流。

训练辅助人员手持羊角球站在吊台周围，在大幅度摆荡吊台的同时，让儿童用手、头或脚撞击羊角球。若儿童能力较强，可以让其说出击球的次数。训练人员要用手抓住儿童衣裤、手臂或腿，防止儿童从吊台摔下。

儿童双手抓紧吊绳，在身体保持平稳后，由训练人员逐渐加快吊台旋转的速度。同时，训练人员要时时关注儿童的身体是否保持平衡。在快速旋转结束后，让儿童立即下吊台站于地面。

刚开始进行该训练时，要让儿童适应吊台的晃动，训练时间可根据儿童的反应进行调控。如果儿童前庭感觉不敏感，时间可以稍长些；如果儿童前庭感觉敏感，时间要缩短至几秒。在儿童下吊台时，训练人员要紧随儿童身后，以防儿童因眩晕而摔倒。

3. 传球

该训练主要运用的器材为球类以及一些障碍物。

训练人员与儿童用脚踢球，进行传接球的训练。可通过两人所站的距离、球的大小、传球的力度和角度来调控传接球的难度。

让儿童踢球，并以最快的速度通过障碍物，到目的地后把球投入筐内。

在进行该训练时，可以让多个儿童一同进行，并适当增加互动和互助活动，以提高其社会交往能力。

4. 运动推球

该训练主要运用的器材为球和滑梯。

儿童把球推向前方 30 厘米 ~50 厘米远的墙，做翻滚动作一次后接住球，并把球推向墙，如此反复。训练人员可以改变球的大小、表面光滑度、充盈度、重量，离墙的距离、墙面光滑度和硬度，以及翻滚动作的方向、数量等，来调控训练的难度。

儿童从滑梯滑下的同时，推动置于滑梯旁或滑梯底部的球。训练人员要提供贴身防护。

球类训练还可配合蹦蹦床、浪桥等器材来设计多种综合训练项目，这不仅可以促进自闭症儿童感觉统合能力的发展，还可以提高其运动企划能力以及注意力和服从力，并为认知和社会交往能力的提升奠定基础。

智力正常、学习困难儿童

“学习困难”这一概念来源于教育学，也称为学习障碍、学业不良、特指性学习障碍等。总体来说，学习困难的特征是辨认字的正确性及流畅度有困难、无法拼写以及语言的拼音组成有困难等，具体的表现有学习成绩明显落后、无法掌握学习方法、学习策略运用不佳等。

学习困难一般出现在学校学习的学龄期儿童，通常是由于环境、心理和素质等方面的问题，致使学习技能的获得或发展出现障碍，表现为经常性的学业成绩不良。我国教育中一直将这类儿童称为“差生”“后进生”等。但是，这些学习困难的儿童一般没有智力缺陷，其智商大部分都在 70 以上。

学习困难可以分为不同的类型，依据儿童的学科表现分为阅读困难、算术数学学习困难、拼写困难和写作困难等。学习困难不仅会给儿童的学习、生活带来很多烦恼和痛苦，也会给家庭、学校带来不少问题。因此，用训练的方法来改善儿童的学习能力刻不容缓。

学习能力训练要注重教育方式

儿童学习能力的发展是受遗传因素和环境因素共同影响的。在各种环境因素中，家庭教育因素起着很重要的作用，如教育观念、家庭成员的心理健康状况、教养方式、行为习惯等，这些在很大程度上影响着儿童学习能力发展的进程和方向。如果儿童的学习能力不佳，很可能与家庭教育因素有直接的关系。

所以，针对儿童的学习困难问题，注重正确的家庭教育很重要，家长要在家庭教育中注意以下几点。

①认可并接受儿童的独特性。

②改变对“学习困难”错误的认识。

③改善不良心理状态。

④尊重儿童的兴趣爱好并恰当设计发展领域。

⑤改变不当的教育方式。

⑥丰富家庭生活的内容和形式。

⑦善于进行家、校沟通。

总之，学习困难儿童的家庭教育需要家长在心理、家庭教养方式、家庭成员关系、家庭氛围、家庭教育资源以及家庭对外沟通合作等几个方面做出正确的改变。

另外，对于学龄期儿童来说，学校的教育环境也是影响其学习能力发展的一个重要方面。学校教师在教育学习困难的儿童时，要在全面认识、理解、尊重学习困难儿童的基础上，平等对待不同发展特点的学生，更多关注学习困难儿童的优势和闪光点，包容儿童的劣势和不足，并采取切实的行动，为学习困难儿童提供多方面的支持。例如，为其创设展示自我的机会，促进学习困难儿童和其他同学间的交流，注重学习方法和学习策略的传授和渗透，有意识地培养儿童的意志品质，引导儿童学会自我管理和自我监控，等等。

家长若能和学校保持密切联系，及时交流经验、反馈信息，从家庭和学校两方面一同应对儿童的心理、行为问题，这样能给学习困难儿童的发展带来很大帮助。

学习困难儿童的相关训练

针对学习困难儿童的感觉统合训练来说，施训的器械选择面广、项目创设限制因素较少，主要是在常规训练中提高其感知觉、动作、言语、认知等多个方面整合的能力。而且，认知、言语内容的涉及面要广泛，形式要多样，如谜语、算术、古诗词、脑筋急转弯、儿歌、绕口令、英语单词和对话等均可纳入训练中。对于学龄期儿童，还可将其已学或正在学习的知识渗透于训练

活动中，根据儿童的知识水平来选择提炼其中的重点、难点和易错点，从而运用到训练中。

主要的训练方法有以下几类。

1. 双人球池训练

该训练主要运用的器材为海洋球池。

①飞身入水：两名儿童跨入或跳入或双臂伸展俯冲入球池并没入池底。

②飞流直下：一名儿童取坐位或跪位或倚靠球池内壁，另一名儿童持盆盛球并不断地“泼”向对方。

③飞舞狂书：两名儿童取一定体姿于池内，轮流在对方背部或掌心书写，并由被动感受方进行猜测。

④飞球闪躲：一名儿童采取适当体位于池中，并躲闪池外另一名儿童抛来的海洋球。

进行此训练要由训练人员示范或描述一个动作要领和技术要求，然后让儿童投入训练。同时也可以在训练中添加认知指导，如在第三个训练项目中进行汉字、字母、数字、简单算术题的书写等，这样可以在改善儿童触觉功能的同时，促进其感知、运动、认知及言语等能力的发展。

2. 指令性吊缆插柱训练

该训练主要运用的器材为插板、吊台和吊缆。

儿童俯卧于吊台或吊缆上，由训练人员抓住吊缆前后摆荡，然后儿童从插板上取出插柱或将插柱插入插板的插孔。等儿童操作熟练后，再由训练人员发出指令进行训练。指令要变换呈现的方式，并逐渐增加指令容量。例如，用中文、英文或两者交替呈现指令，当儿童随器材往返摆荡于高低点之间时，指令其说出身体所处的位置等。

在此训练中可以整合认知、言语等内容，提高儿童大脑各功能区之间的信息交流与统合，也可以采取继时性整合训练，将儿童当前学习的文化课知识穿插于基础训练项目间，锻炼儿童在不同任务间迅速转换的心理适应能力，逐步提高学习效益。

3. 家庭训练

该训练为家庭日常训练，不需要特殊训练器材。

①时光倒流：家长在儿童睡前轻叩或按压或搓揉儿童全身，帮助儿童放松，同时引导其回想当天的所见、所闻、所想、所做；也可以进行自主训练，让儿童自我按摩且注意力集中于被触部位，而后全身放松仰卧床上，回忆一天的生活过程。

②丛林游戏：儿童以一定的行进速率多向度穿梭于高低交错、密度不一的“绿丝绦”或障碍物间。家长可以先在地板上间隔预置棋子或小型玩具，然后让儿童穿行其间。训练期间，儿童要与家长进行认知、言语等方面的互动。

③随意问答：家长可不经意间就生活中的琐事与儿童交流，并进行一问一答，例如：“还记得上次来这里玩是什么时候？”“刚刚走过的街道名称是什么？”“昨天去超市买什么了？”“前天上午第一节课老师提问你什么问题？”这样可以帮助儿童找寻其生活的线索及轨迹，有利于增强儿童瞬时和长时的记忆力以及观察力和注意力。

④物品归整：家长有意识地让儿童整理物品，如整理自己的衣物，收拾散落桌上的报纸杂志、杂乱无序的储物箱，整理书房、随意填塞的冰箱储藏柜，等等。

家庭日常生活中的训练虽系统性不强、强度不高，但形式灵活、训练所需的时空条件限制少，儿童完成训练项目的心理压力轻，可能更易于取得成功。另外，这样的训练还可以增加亲子间的沟通和交流，增强彼此间的亲和力，对改善家庭生活氛围有重要作用。

脑瘫儿童

脑瘫又称为小儿大脑性瘫痪，是指从出生后一个月内脑发育尚未成熟阶段，由于非进行性脑损伤所致的，以姿势及运动功能障碍为主的综合征。脑瘫是小儿时期常见的中枢神经障碍综合征，病变部位在脑，累及四肢，常伴有智力缺陷、癫痫、行为异常、精神障碍及视觉障碍、听觉障碍、语言障碍及体质差、感觉迟钝、情绪行为异常和学习困难等症状。

由于脑部损伤部位和程度的差异，脑瘫儿童各方面能力、特征差异较大。根据运动障碍类型，可将脑瘫分为痉挛型、手足徐动型、强直型、肌张力低下型、共济失调型、震颤型和混合型。

脑瘫严重影响儿童的生长发育，给他们的日常生活、学习及劳动就业造成广泛而持久的影响，也给其家庭和社会带来沉重负担。虽然造成脑瘫的脑部损伤是非进行性的，但如果对这类儿童各方面的机能没有进行过相关的训练和教育，就会发生进行性改变。所以，无论脑瘫儿童智力、运动等能力如何，都有必要进行适当的教育和训练。一般情况下，儿童年龄越小，训练越容易实施，也会取得较大的效果。大龄脑瘫儿童的训练要取得成效非常困难，因此家长要积极主动地尽早采取措施，尤其是早期训练绝不可忽视，更不要轻易放弃训练。

语言训练

在脑瘫儿童中，约有一半的患者有语言障碍，主要表现为运动障碍性构音障碍和语言发育迟缓。例如，脑瘫儿童会出现说话缓慢费力、字音不清、鼻音较重、语音语调异常等现象。所以，要在感觉统合训练中加强儿童的语言训练和应用，以提高儿童大脑统合处理各种信息的能力，如在训练间隙有意识地增加与儿童的言语互动，交谈与训练有关的术语、概念以及心理体验等。家长更要有意识地增加与儿童的沟通，督促或鼓励儿童多讲话，表达自己的感受、需要和观点等。这种训练是提高脑瘫儿童生活质量、促使其融入社会的重要基础。

自理能力训练

自理能力是每个儿童都需要学习的重要能力，是儿童拥有正常生活、工作、学习和自主自立的前提与保障。脑瘫程度较轻的儿童经过一段时间专门训练，大多可以掌握日常生活自理技能。但对于脑瘫程度较重的儿童来说，要掌握像穿脱衣服、吃饭、洗漱等基本的日常生活技能，就需要经过长期艰苦的训练或者借助辅具的支持。个别障碍程度非常严重的脑瘫儿童可能难以获得起码的生活自理能力，终身需要护理。

脑瘫儿童的相关训练

由于脑瘫儿童主要存在运动障碍和姿势异常，并可能伴随有其他障碍。所以，对脑瘫儿童开展的感觉统合训练主要取决于受训儿童的具体特点，重点是前庭觉训练和本体感觉训练，同时可以兼顾粗大动作、精细动作、肌力和耐力等训练。

主要的训练方法有以下几类。

1. 持球按摩

该训练主要运用的器材为按摩球。

训练人员单手持球，在儿童的肩部、背部、腿部等处进行滚压、轻推、弹击等动作，并要求儿童说出相应的部位，训练人员的动作及方向、轻重等感觉信息。

儿童一手握按摩球，在另一只手的手心多次轻推、滚压；单手或双手持球，独自完成滚压、推摩、弹击体肤和关节等处；双手持球完成球在手中的转动、抓握动作。

此训练的不同环节要使用不同性质的按摩球，并要求儿童判断球的大小以及表面情况，引导儿童体会不同体积、充盈度、软硬度的按摩球带来的不同感觉。另外，由于脑瘫儿童可能会在脊柱、四肢关节等处存在畸形或动作受限，所以训练人员须在训练前充分了解这方面的情况，防止引发次生伤害。

2. 阳光隧道训练

该训练主要运用的器材为阳光隧道。

在阳光隧道内部或下部放平衡步道，并在隧道下放若干大小不一的按摩球、花生球、柱体球等，让儿童从阳光隧道内爬出，并对儿童爬行时间计时。在进行此项训练之前，需要让儿童克服恐惧，能够从容在隧道内爬行。如果儿童对爬行无积极性，可用食物、玩具等在隧道的出口引导。

要求儿童在隧道内倒爬而出，训练人员需随时注意儿童在隧道内的情况，防止其转身正爬而出。如果儿童无法完成，训练人员可以从入口正爬钻入隧道，与儿童头对头帮助完成倒爬。

在隧道内放入大小适中的按摩球、羊角球等，让儿童爬行并将球推出隧道。也可以将球放置于隧道中间或较靠后的位置来调控训练的难度。

训练中，儿童容易出现疲劳、畏难的心理，需要训练人员及时对项目进行调整，增加训练的趣味性，提高儿童的积极性和自信心，并及时鼓励、表扬儿童的努力。

3. 家庭训练

该训练为家庭日常训练，不需要特殊训练器材。

①穿越障碍：家长可以在床上为儿童放置枕头、未叠的被褥、体形较大的毛绒玩具、颜色各异的毛巾等，让儿童置身其中，然后家长躲藏到儿童看不到的地方，呼唤儿童的名字，让儿童听辨声音传出的方向，穿越“重重障碍”寻找家长。家长要注意观察儿童在训练中的反应，观察儿童有没有快速、正确地判断出声音方位。训练时家长要做好防护工作。

②翻山越岭：家长先将枕头、折叠的被褥等间隔摆放，搭建训练用的“山岭”，然后引导或帮助儿童跨、踩、跃过“山岭”。家长可以通过调整这些卧具的高度、宽度以及卧具间的位置来改变训练形式或训练难度。

日常生活中的感觉统合训练的项目有很多，家长可以丰富训练的形式，拓展儿童接受刺激的范围，提高儿童适应不同训练环境和训练项目的能力。

第七章 感觉统合训练中的智力开发

儿童的智力包括语言能力、想象力、注意力、记忆力、运动力、思维力、观察力等，这些能力与儿童的发展息息相关，所以感觉统合训练的过程应与智力开发一同进行。这样可以提升儿童的整体素质，提高儿童解决各种实际问题的能力，使儿童更加客观地认识事物、更加有效地适应新环境。

语言能力：多听，多说，多练习，多积累

语言能力是指儿童掌握语言的能力，这种能力表现在儿童能够说出或理解前所未有的、合乎语法的语句，能够辨析有歧义的语句，能够判别表面形式相同而实际语义不同或表面形式不同而实际语义相似的语句，能够掌握听、说、读、写、译等语言技能。

语言是儿童智力发展的基础。一般情况下，语言能力发展较好的儿童，往往求知欲强，知识面广，智力发展得很好。如果儿童的语言能力发展不佳，就算有再多的想法也无法表达出来，与人交往时也会很困难。所以，家长要格外重视儿童的语言发展情况。

儿童的语言最初都是跟父母学起，所以语言环境对语言能力的发展有着极为重要的作用。懂得教育方法的父母总是会为孩子创设一种宽松愉悦的环境，实施正确的训练方法，让孩子乐于与父母交往，并愉快地接受相关的训练。

语言能力的发展

儿童语言能力的发展包括两个方面：一是对语言的理解，二是主动说出语言。每个儿童都不是生下来就具有语言能力的，他们要先理解语言，然后才会说话。例如，从小和狼一起长大的狼孩，7 岁时只会号叫，而且语言也很难再发展。心理学表明，7 岁前是儿童语言发展的关键期，这一时期如果没有得到及时的刺激和训练，最容易产生语言障碍，影响儿童以后的心理发展。

从儿童 4 岁开始，就应该抓紧培养儿童的语言思维。如果 1 岁婴儿会说 3 个词，那么 1 岁半时就能记住大约 30 个词，从 4 岁到 4 岁半时就已经会说 1000 个 ~1200 个词以及相对完整的语句了。为了让孩子的语言能力得到长足的发展，家长应该在这个时期侧重进行语言思维的培养，有意识地多和孩子说话。

语言能力训练的重点

①多听：训练中要让儿童多与别人交流，同时多听别人说话的方式，从中学习说话的技巧，提高自身的语言表达能力，这同时也是为“多说”做准备。一方面，家长可以引导孩子听些故事、儿歌、笑话等，让孩子获取丰富的信息，再经过大脑的整理、提炼、形成语言的源泉。另一方面，家长还要教导儿童有侧重点地去听，并能提炼出别人说话的主题、大意。

②多说：“多说”并不是让儿童逮住什么就说什么或者乱说一气，而是有准备、有计划、有条理地去说，家长可以创设情境让儿童去介绍、去演讲，并且要求说得好、说得精彩。生活中，有些儿童可能话不是很多，这时就需要家长用问题引导儿童。例如：“你最喜欢看哪个少儿节目？为什么？”“这个动画片里你最喜欢谁？为什么？”“你最喜欢幼儿园的哪个

活动”……家长还要善于引导孩子注意说话的顺序，将自己的意思清楚地表达出来。这一训练过程能够练习儿童的语言表达能力。

③多练习：对于学龄期儿童来说，应该让其养成多动笔的习惯，把日常的观察、想法用各种形式记录下来。这样日积月累地坚持下去，就可以养成有条理的表达方式。另外，也可以通过背诵来强化和练习语感，如引导儿童背些儿歌、古诗和小故事等。

④多积累：书是人类进步的阶梯，让儿童积累的最好方法就是培养他有阅读的习惯。阅读也是另外一种聆听，是语言能力发展中不可或缺的。从各种各样的适龄读物中，儿童可以汲取语言表达的方式方法，也能增加儿童的知识面。另外，也可以让儿童通过看电影、戏剧、电视中的少儿节目以及现实生活中各种各样的场景来进行语言积累。影视、戏剧中的对话流畅、生动、富有节奏感，能为孩子学习说话提供范例，也可以陶冶孩子的性情。

训练要规范用语

儿童十分喜欢模仿，也极善于模仿，模仿是儿童学习口语的重要基础。儿童不仅会模仿成人准确而优美的语言，对有缺陷的语言也会照样模仿。所以在日常生活中，很多儿童的发音、用语，甚至说话的声调、语气、速度都与家长如出一辙。

针对这种现象，家长要在日常生活中尽量注意语音、语调的正确和语言的规范化，尽量使用标准的普通话，这对儿童以后概括能力的发展很有帮助。另外，家长在与孩子讲话的过程中注意不要用“儿语”，如指着小狗，就教他说“狗”，而不应教他说“汪汪”之类的“儿语”。当孩子说“儿语”时，不要让其重复，更不能迎合孩子，以免限制其语言和思维能力的发展，家长应该用柔和的语调把正规的名称教给他。

丰富儿童的语言环境

生活是语言的源泉，语言的内容是在儿童与周围环境的信息交换以及与具体事物的接触中获取的。所以，只要丰富儿童的语言环境，开阔儿童的眼界，拓宽儿童的知识面，语言能力的发展就会很好。

家长可以安排各种活动，让孩子接触各种事物。例如，带孩子外出散步、旅游，领略大自然、城市建筑的美景，了解周围环境的各种变化，观察人们的各种活动，参观一些博物馆、展览会，选看一些合适的电影和电视，等等。家长应在这些活动中，不断与孩子交谈，启发开导孩子，使孩子能从各种活动中不断发现新事物，增长知识，开阔视野，提高孩子谈话的积极性。

想象力：放飞孩子想象的翅膀

想象力是指在已有形象的基础上，在头脑中创造一个念头或思想画面的能力。人的大脑有左右两个半球，左脑主要处理语言、逻辑、数学、次序等偏学术性活动，右脑主要处理节奏、旋律、音乐、图像和幻想等创造性活动。所以，想象力与右脑功能有着密切的联系，开发右脑有助于想象力的发展。

想象力对于儿童来说是极其重要的，它能帮助儿童增强探索环境的勇气，想象力丰富的儿童思维能力不会太差。想象力的发展一般较早，儿童想象力最丰富的时期往往在幼儿期。这时给儿童讲故事能激发其想象力的发展，因为丰富的想象力来自联想，许多儿童可以在听故事时联想到多个与此有关的事物，这就是想象力的开端。

在生活中，家长可能常常听到孩子说一些搞笑或荒谬的话语，但这恰恰体现出儿童早期的想象力。所以，从小培养儿童的想象力，对其成长是非常有利的。

儿童想象力的特点

（1）无意义想象为主

因为缺乏经验，儿童早期的想象常常与知觉的过程相融合，他们往往只是用想象来补充他们所感知的事物。尤其对于三四岁的儿童来说，他们认为不可能的事情是没有的，所以常常会将想象和现实混淆。这具体表现在言谈中常伴有虚构的成分，对事物的某些特征和情节夸大描述等。

（2）想象内容零散

儿童想象的内容是很丰富的，但这些内容之间多是无意义地联系在一起，更多的是重复生活中常见的几种事物，而且所想象的事物特征也不完整。例如在儿童早期的绘画中，所画的人物只有头、手和脚，没有更多细节方面的内容，这是因为儿童想象活动的目的不明确，他们主要满足于想象的过程，而不是追求想象的最终结果。

（3）想象主题不稳定

等儿童到三四岁时，其想象力就发展出了初步的目的性，但这个目的往往很不明确。在进行想象力有关训练之前，有些儿童能够在家长的提示下说出活动的主题。但是，这个活动的主题对于儿童来说是不稳定的，它会根据儿童的行动发生变化，甚至偏离最初所描述的主题。例如，儿童要去画一个香蕉，但当他画了一个月牙形时又说要画一个月亮。

（4）从模仿到创造

儿童早期的想象力复制和模仿的成分很大，创造的成分很有限，所以不能在语词水平上进行创造性想象。等儿童到五六岁时，创造想象能力开始逐步发展，并且能够在行动中表现出来。这个阶段，儿童的想象力的有意性更加明显，想象活动的主题更加明确，而且想象活动基本上能围绕主题展开，想象的内容也进一步丰富。

丰富儿童的生活经验

儿童的想象力必须以生活中的感性知识经验作为基础。感性知识经验越丰富，儿童的想象力就越广阔而深刻，想象构成的形象就越逼真。反之，如果感性知识经验贫乏，儿童的想象力就会狭窄而肤浅，构成的形象也会失真。例如，有的孩子没有看过历史上古代人的图片，也没有去过历史博物馆，他们就有可能把古代人想象成现代人一样。

在生活中，儿童积累经验的过程也是在头脑中建立想象的过程。所以，家长要创造条件，让孩子多接触一些名山大川、文化古迹、动物植物，多参观各种博览会、展览馆，多看各种图片、模型等，这样可以让孩子丰富生活经验，并在头脑中留下更多的事物形象，从而为想象力的发展打下基础。

鼓励儿童大胆合理地想象

对于学龄前儿童来说，他们对于周围一切事物都感到新奇，所以总是问这问那。有些家长对孩子提出的各种问题往往采取漠不关心的态度，甚至对充满稚气的问题加以嘲笑和指责，这种做法是不合适的。

好奇心是儿童想象力提高的一种表现，从某种层面来说也是一种合理的想象。作为家长，应该鼓励儿童提出问题，并引导他们去大胆合理地想象和思考，并提出自己的见解。这不仅会发展儿童的想象力，而且也保护了儿童的自尊心和好奇心。

另外，家长还可以通过各种活动来鼓励儿童进行想象，如给儿童讲优美动听的童话或神话故事，这些读物富有儿童情趣，想象丰富，对发展儿童的想象力有着十分重要的作用。同时，家长还可以让孩子尝试续编故事、描绘故事情节或人物，进一步激发孩子的想象力，并提高孩子的口头表达能力。

注意力：让孩子精神高度集中

注意力又称专注力，是指人的心理活动指向和集中于某种事物的能力。注意力有两个基本的特征：一是指向性，指人凭借注意力对出现在同一时间的许多事物和刺激进行选择，有意识地关注其中一些，同时忽略其他的；二是集中性，指注意力在指向性的基础上，对于周围各种干扰刺激的抑制。注意力的指向性越好，孩子就能越快地把注意力集中到需要的地方；集中性越好，孩子的注意力就能保持越长的时间。

儿童在注意事物的时候，总是伴随着感知、记忆、思考、想象和体验的过程。儿童在同一时间内不能感知很多对象，只能感知环境中的少数对象。要想获得对事物的清晰、深刻和完整的认识，就需要有选择性地注意某些对象。所以儿童注意力不佳的情况，通常只不过是对所应当指向的事物没有注意，而注意了其他无关事物造成的。

儿童注意力不集中的主要表现为：上课不能专心听讲，易受环境干扰而分心，学习成绩差；做作业时不能全神贯注，频繁地改变注意对象，且不断地以喝水、吃东西、小便等理由中断，总是做做玩玩，粗心大意，做作业的时间明显延长；不愿意动脑筋，对家长的指令心不在焉，似听非听；做事有始无终，常半途而废；自理自立能力差，自信心不足，缺乏思维敏捷度，等等。这些情况会对儿童生活各方面尤其是学业产生很大的影响，如果不及时进行相关的训练，将耽误儿童学习文化知识的黄金时间，甚至影响儿童的一生。

调整儿童的生活习惯

养成良好的注意力首先要调整儿童生活上的作息习惯，拥有一个良好的身体和精神状态是孩子集中注意力的前提，也是注意力训练顺利开展的保障。

作为家长，首先要帮助孩子建立稳定的生物钟，尽量让儿童一日三餐以及睡眠的时间相对固定。通过有规律的生活习惯，可以让孩子在白天保持比较好的精神状态，避免饥饿和睡眠不足对注意力的干扰。

其次，要控制儿童糖类和甜食的摄入量。糖类引起的生理反应会直接影响儿童的注意力，但是食用水果不会出现这种情况。所以，家长可以让孩子在做一些用脑的事情之前，多吃一些水果来提供大脑运作所需的营养。

最后，家长要为孩子提供一个相对整齐干净的环境，为孩子排除环境中额外的干扰源。例如，当儿童做作业时，那么其视线所及之处就应该只有与学习相关的物品，其他能吸引注意的玩具和零食都要摆在看不见的地方，这样能避免分散儿童的注意力。对于注意力稳定性特别差的儿童来说，这种方法有着很好的效果。当儿童的注意力有了一定的改善，且认知理解较好的时候，家长也可以有意引入一些干扰来进一步训练孩子的注意力。

训练注意力的一般方法

①对偶练习法：让儿童识记两种彼此相关的资料，然后让儿童依据一种资料回想与之相关的另一种资料。

②按次练习法：让儿童按次识记一些资料，然后遮住资料并逐个把资料内容暴露出来，每暴露一个资料，让儿童回想出下面紧接着的内容。

有关练习举例：找出一些图片，先把图形用纸片遮住，然后按从上到下的顺序一个个显露出来让儿童识记；给儿童看 3 遍后，把图遮上，然后每暴露一个，让儿童说出下面的一个是什么；让儿童看下列数字一分钟，1、3、8、2、5、9、0、12、4、7、10、15、17、20，然后遮住数字，并从左到右依次把数字显露出来，每显露一个数字，就让儿童说出它右边的数字（可以允许儿童多次尝试）。

③递进练习法：让儿童识记一些资料，识记完后不要让儿童立刻回想，可接着让儿童做一些其他的工作，然后再让他回想前面识记过的内容。

④数字练习法：让儿童去记忆很多的数字。数字是最难记忆的资料，但也是一种最好的练习注意力的资料。

⑤频度练习法：重复向儿童出示一些资料，然后让儿童记住这些资料呈现的次数。

有关练习举例：预备 7 种动物的图片，如兔子、狗、马、牛、大象、长颈鹿、羊。然后按下列次序呈现给儿童看，每个图片一秒钟。然后让儿童说出，兔子和大象的图片呈现过几回。次序为：兔子、牛、长颈鹿、兔子、大象、羊、狗、马、牛、大象、兔子、牛、大象、长颈鹿。

为了让儿童在接受这些训练时不感到枯燥，家长可以设立一定的奖惩措施，也可以用比赛的方式来进行，这样可以增加训练活动的乐趣。另外，家长要以身作则，表现出专心、坚持和耐心的态度，为孩子树立起榜样，还应积极对儿童的表现加以鼓励和称赞，让孩子更有动力去改善自身的注意力。

记忆力：让孩子不“健忘”

记忆力是儿童识记、保持、再认识和重现客观事物所反映的内容和经验的能力。根据记忆持续的时间，可将其分为四种类型：瞬时记忆、短时记忆、长时记忆和永久记忆。瞬时记忆，是环境中的感觉信息到达各个感官的第一次直觉印象，通常作用时间只有 0.25~1 秒。如果这些感觉信息被大脑注意到，就会转化为短期记忆。短期记忆力是数量最多又最不牢固的记忆，其实质是大脑的即时生理生化反应的重复。中期记忆力则是大脑细胞内发生了结构改变，并建立固定的联系。中期记忆只有经过反复巩固，才会变成长期记忆。

从心理学的角度来讲，记忆力的主要功能有两个：一个是它的储存功能，另一个是同样重要的提取功能。记忆力是儿童学习的基础，记忆力良好能促进儿童的智力发展。有了记忆，知识才能不断累积，智力才能不断发展。

所以，对儿童进行系统的记忆力训练，不仅能够提高智力，还能加深儿童对各种事物的认知程度。学龄前是进行记忆力训练的大好时机，一旦错失，就会影响记忆力训练的效果。

儿童记忆力的特点

①意识记忆：学龄前儿童还不会控制记忆的内容，他们记住一些简单事物的过程完全是自然而然的。这些事物往往都是很直观、很具体的，能够激发出儿童的记忆兴趣，如童话、故事、诗歌等。

②形象记忆：因为思维能力的局限，学龄前儿童在观察事物时很少会深入体会事物的本质，所以通常对形象鲜明生动的事物记忆较清晰。

③机械记忆：学龄前儿童缺乏生活经验，很难做到在理解的基础上强化记忆，所以只能根据事物的外部特征死记硬背。

④容易忘记：学龄前儿童的记忆受环境和情绪的影响很大，同时儿童的自我控制能力比较差，所以记忆活动很容易受外界环境的干扰，记忆的东西也很容易忘记。

兴趣是第一位

对于不感兴趣的事物，成人可能会强迫自己费尽心思去记住它，但年幼的儿童却很难做到这一点。所以，在进行记忆力训练时不能靠强迫性的命令，而是要激发儿童的兴趣。兴趣是记忆的动力和强化剂，儿童对感兴趣的东西能表现出很强的记忆力，大脑神经也会处于积极工作的状态，促进大脑皮层兴奋中心的形成。

有的儿童很小就能认识很多字，有很多特长，这是因为父母注重培养孩子对事物的广泛兴趣。儿童对所学的内容感兴趣，就能勤勤恳恳地学习，遇到困难也不会轻易放弃。所以，对于儿童要记忆的东西，父母要设法将其变得有趣，吸引儿童的注意，这样才能达到理想的训练效果。

理解是记忆的前提

在幼儿时期，虽然儿童的机械记忆多于理解识记，但是理解识记的效果却比机械记忆要好很多，儿童往往对熟悉理解的事物记得很牢。

所以，在训练中，家长要有意识地培养并发展儿童的理解记忆能力，用各种方法帮助儿童理解所要记忆的材料。在实际训练中，对于儿童可能提出的一些问题，如“鸟为什么会飞”“鸭子为什么能在水中游”等，家长要引导他们通过积极的思考，在理解其意义的基础上进行记忆。而对于一些无意义或不可能理解的材料，也要尽可能帮助儿童找出它们意义上的联系。

运用多感官去记忆

为了提高儿童记忆的效果，家长可以鼓励儿童运用多种感觉器官参与记忆活动，这样儿童能在大脑中建立多方面的联系，从而加深记忆。

当儿童把眼、耳、口、鼻、手等多种感官调动起来，刺激大脑皮层的视觉区、听觉区、嗅觉区、运动区、语言区时，就能建立起多通道的联系，提高记忆的效果。例如，让儿童记忆与“春天”有关的信息，就应该尽量带儿童出去看一看、摸一摸、闻一闻、尝一尝，通过多

种感官从多方面获得感性认识和体验。

复习是记忆的保障

针对儿童记得快、忘得也快的特点，在进行记忆训练时，必要的重复和复习是不可缺少的，这是提高幼儿记忆效果的重要措施。

一般来讲，让儿童复习巩固所学的内容时，不宜采用单调、长时间的反复刺激，应该在孩子情绪稳定时，采用多种有趣的方法进行。例如，讲故事、念儿歌、猜谜语、表演活动、做游戏以及比赛活动、散步与郊游活动，等等。

运动能帮助记忆力发展

一般情况下，身体健康、爱好运动的儿童，在生活中常常会精力充沛，记忆力也就很强。这是因为儿童运动时可以促进新脑细胞的增长，帮助大脑进行自我更新，并保持大脑的活跃状态。一周运动3次~4次的儿童，在校的成绩一般都比较高。儿童通过运动向消耗能量的大脑输入额外的氧气，也能起到增强智力的效果。

另外，家长可以让儿童多吃有利于记忆力提高的食品，如富含锌、磷脂、不饱和脂肪酸的核桃、芝麻、瘦肉等。

记忆力的好坏可以通过训练得到提高。所以，儿童强化记忆的过程也不是一蹴而就的，要经历一个从简单到复杂、从少数到多数的过程。父母要注意保持自身的耐心以及对儿童训练的自信心，多对儿童进行鼓励和赞扬，切忌责骂儿童。只有真正了解到儿童记忆力的不足之处以及相对应的原因，才能帮助儿童更好地发展记忆力。

运动力：让孩子尽情释放运动智能

运动力是指儿童参加运动所具备的能力，是身体形态、素质、机能、技能和心理能力等因素的综合表现。从生物化学的观点来说，运动能力的高低主要决定着人体运动过程中能量的供给、转移和利用的能力。

儿童运动能力的发展主要有精细运动和躯体运动两部分。精细运动也叫小肌肉运动或随意运动；躯体运动，也叫大肌肉运动，是负责控制身体的运动。对于新生儿来说，大部分的运动能力属于原始反射，如踏步反射等。

“生命在于运动”。让儿童参与运动不仅有训练层面的意义，还可以促进儿童身体的新陈代谢，有益于各个器官尤其是心血管系统的正常运作。适度的体育运动，可以使儿童充满朝气蓬勃的活力，提高机体的适应和代偿机能，增加对疾病的抵抗力，也是健康长寿的根本。

儿童精细运动训练

精细运动能力指儿童主要凭借手以及手指等部位的小肌肉或小肌肉群的运动，在感知觉等多方面心理活动的配合下完成特定任务的能力。俗话说，“心灵则手巧”，手可以说是儿童智力的前哨。所以，通过儿童手部精细动作的发展状况可以测评其智力的发展状况，同时也能通过手部精细运动的训练来促进智力的发展。

首先，精细运动训练要对手部进行力量训练。在手腕力量的训练中有握、舀、敲、拍手等动作。例如，通过悬吊的玩具吸引儿童练习拍打、抓握；让儿童随着音乐节奏做上下、左右、前后、交叉拍手。训练手指力量主要包括扣、戳、拔、插、按等动作。例如，利用贴有纸的冰块模板，让宝宝戳破面纸；利用桌面游戏中的积木玩具，引导儿童“盖楼房、拆楼房”；利用板桩引导儿童插上、拔下，锻炼手指的力量。

其次，手部灵活性的训练。训练手腕灵活度的动作包括拍、倒、抖、泼、摇、搅、手转花等。例如，让儿童自带一个皮球，让其练习拍球；训练手指灵活度的动作包括捏、撕、拧、按、拨、抓等。

最后，手部稳定性的训练，如搭积木、积木排队、多米诺骨牌等，这些训练能让儿童学会用手去稳定地控制物体。

另外，还要训练儿童双手的协调能力，如穿珠、穿线板、滚球、套环、插锁眼训练等。

儿童躯体运动训练

对于儿童来说，身上的大肌肉正处在生长发育期，进行躯体运动能促进肌肉的生长发育，使肌纤维增粗，提高肌肉收缩的力量、速度以及肌肉运动的伸展性和协调性。

儿童躯体运动有很多，下面举例说明。

①短跑。短跑有助于儿童的生长发育。进行一年短跑

训练后的儿童，不仅身体发育正常，身高、体重的增长还会高于一般的儿童。但要注意的是，儿童的身体尚未发育成熟，各器官功能还比较薄弱，所以并不适合长跑。在常规的短跑训练时要负荷适当，并注意控制强度，量力而行地安排运动量。

②立正。儿童坚持立正训练，对矫正“O”形腿和“X”形腿非常有效。训练时，儿童全身要保持正规的立正姿势，并上提丹田气。“O”形腿者要两脚并紧，两膝关节尽力相靠，必要时可用弹性适当的橡皮带扎在两膝关节上，使其增加内靠力量；“X”形腿者两膝关节要并紧，两脚跟尽力内靠。像这样每天进行两次或两次以上训练，每次坚持 20 分钟。

③打乒乓球。近些年来，儿童近视的群体越来越多，这主要是因为用眼过度而导致眼部疲劳。而在打乒乓球训练时，儿童的双眼必须紧紧盯着穿梭往来、忽远忽近、旋转多变的乒乓球。这样眼球能够不断运动，促进眼部血液循环，提高眼神经功能，从而消除或减轻眼睛的疲劳，起到预防近视的作用。

④弹跳。一切的有氧运动都有健脑的作用，而在这些运动中又数弹跳运动最佳，如跳绳、踢毽子、跳橡皮筋、跳舞等。这些训练能供给大脑充分的能量，激发大脑的活力，还能使儿童的腰部、腿部肌肉、关节及大脑皮层神经得到整体协调的锻炼。

⑤游泳。游泳训练的好处可谓是数不胜数。在游泳时，阳光中的紫外线不但可以杀菌，还能促进儿童生长发育，增强新陈代谢，促进身体健康。其次，儿童在水中要承受水的压力，克服水的阻力，呼吸也比平时困难得多，所以游泳能促进儿童呼吸肌的发育，增加肺活量，提高呼吸功能。另外，冷水的刺激可使皮肤血管扩张，提高儿童对外界温度变化的适应能力，丰富儿童的触觉刺激；最重要的是游泳对儿童心肺功能的锻炼效

果，它不仅能使心肌发达、收缩有力、增加排血量，还能锻炼全身大肌肉群，使身体健美而匀称。

儿童的运动能力训练贵在坚持，只有坚持下去才能真正取得效果。家长要教导儿童采用科学正确的运动方法，发挥儿童在运动中的独立性、自主性和创造性，从而培养儿童活泼开朗的性格和灵敏协调的能力，更好地促进运动智能的发展。

思维力：从小培养思考的本领

思维力也叫思考力，是人脑对客观事物间接的、概括的反应能力。思维看不见、摸不着，却是实实在在、有特点、有品质的普遍心理现象。思维力包括理解力、分析力、综合力、比较力、概括力、抽象力、推理力、论证力、判断力、心算力等，可以说是整个智慧的核心，它参与、支配着一切智力活动，每个人的学习、工作和生活都离不开思维力。

培养思维力要从小做起，广阔、灵活、敏捷的思维力对开拓儿童的智慧极为重要。如果儿童的思维力缺乏足够的刺激，那么智力的发育就会相对缓慢。所以，家长要运用各种手段对儿童进行思维训练。

儿童的天性对思维力有影响，但后天的教育和训练对思维能力的影响更大，甚至能在很大程度上造就儿童的思维力。思维训练是一种有目的、有计划、有系统的活动，它根据儿童的思维发展特点，借助一些有组织的、系统的材料，来提高幼儿的思维品质，如思维的敏捷性、深刻性、创造性、灵活性等，也能提高儿童分析问题、解决问题的能力以及创造性思维能力，全面提升儿童的素质，对儿童的发展很有好处。

儿童思维力的发展

儿童思维力的发展主要有以下 3 个阶段。

①动作思维阶段：不到 3 岁的儿童以动作思维为主，思维伴随着动作进行，能够借助其他物品来达到自己的目的。例如，桌上放着一个苹果，儿童想吃却够不着，如果他发现旁边有凳子，就会把凳子搬过来，自己爬上去并成功拿到苹果。

②具体形象思维阶段：3 岁 ~6 岁的儿童具体形象思维占优势，但缺少立体感和空间感。这个时期往往是思维训练的黄金时期。家长可以在儿童拆装玩具或积木时，帮助儿童理解平面与立体的关系，让儿童从中学会归纳和抽象。还可以利用儿童的好奇心，经常向他们提出各种问题，引导他们去观察事物和现象等。

③抽象逻辑思维阶段：6 岁 ~11 岁是培养儿童抽象逻辑思维能力的关键时期。那什么是抽象逻辑思维呢？在训练中家长要让儿童学会独立思考，不要给儿童提供现成的答案。

素质教育有利于思维发展

家长总是对儿童学习和生活的问题格外重视，这本来无可厚非，但对儿童成绩和生活过多地关注会导致忽视儿童情感的变化。作为家长，应该对儿童的情绪、兴趣、能力以及人际交往投入更多的注意力，让儿童在生活中多倾听、多表达，使儿童对自己的作为有所感触，以此来逐步培养儿童的思维能力。

对于儿童来说，思维最活跃和兴奋的阶段就是上下学的时间。所以，家长应该利用好这段时间开发孩子的思维，给孩子创造一个良好的表达机会。例如，家长可以问孩子一些类似“今天什么事情让你最快乐”之类的问题，通过这些具体的问题，能让家长在了解孩子学习和生活情况的同时，激发孩子的表达能力，而孩子在表述的过程中还会附带自己的意见，这些都会让孩子开阔自己的思维，使思维更加活跃。

培养逻辑推理能力

家长可以在日常生活中让孩子多做一些有意思的推理题目，来培养孩子的逻辑推理能力。例如：家长可以告诉孩子，妈妈的年龄比宝宝大，姥姥的年龄比妈妈大，让孩子自己得出“姥姥的年龄比宝宝大”的结论。类似地，家长也可以告诉孩子，妈妈有一副太阳镜，爸爸有一副太阳镜，宝宝也有一副太阳镜，家里只有宝宝、爸爸和妈妈，让孩子得出“我们家每人都有一副太阳镜”的结论。另外，家长还可以把铅笔、圆珠笔和毛笔拿给孩子看，在第一阶段先拿出铅笔，指着铅笔对孩子说：“这是铅笔。”第二阶段拿着三种笔问：“哪支是铅笔呢？”并让孩子自己选择。第三阶段再拿着铅笔问：“这是什么？”

这些看似简单的问题，实则可以让儿童开动脑筋，达到发展推理能力的目的。培养儿童独立思考的能力和爱思考的习惯，是思维训练的重要内容，所以家长要多用心思、借助日常生活的一些琐事以及游戏，帮助儿童把大脑完全开动起来。

教给孩子再多的知识和技能，也不如让他们学会自己思考的能力。通过思维训练，可以让孩子领悟到正确的思维方法，发展孩子的思维能力，指导怎么去学习，从而提高孩子的知识水平和智力水平，为孩子以后的发展奠定良好的基础。

观察力：孩子也可以“明察秋毫”

观察力是在感知活动过程中通过眼、耳、鼻、舌、身等感觉器官，准确、全面、深入地感知客观事物特征的能力。观察力作为一种特殊形式的感知能力，与儿童对事物的认知水平有很大的关系。另外，儿童的观察只有细致、准确，其思维才能灵活、敏捷。从这个角度上来讲，观察力也是一种感觉与思维高度协调的能力，属于智力的范畴。

观察的方式分为直接观察和间接观察两大类。直接观察一般指通过自身的感觉器官对客体的直接感知过程；间接观察一般指借助观察仪器来间接获得对信息的感知过程。这里要特别注意的是，“观察”并不专指用眼来看。在儿童认识事物的过程中，眼睛的确是最重要的感觉器官，儿童从外界获得的数以亿万兆计的信息中相当大一部分都是通过视觉通道获取的。但眼睛并不是“观察”的唯一感觉器官。儿童除了可以用眼睛看，还可以用双耳来倾听、用鼻子来嗅闻，或者用舌头品尝各种滋味，等等。这一系列感觉器官，同样是“观察”的参与者。

所以，观察力是在综合视觉能力、听觉能力、触觉和嗅觉能力、方位和距离知觉能力、图形辨别能力、认识时间能力等多种能力的基础上发展起来的，是根据一定的目的和任务进行的有计划、比较持久的能力。观察力可以说是“思维的知觉”，是感知觉发展的最高形式。

儿童观察力的特点

（1）缺乏稳定性

儿童很少会为某一明确目的而进行观察，他们的观察常常会受到身边事物的突出外部特征及当时的个性情绪、兴趣所支配，并且会常常中断观察过程或频繁更换观察对象。在观察力训练中，最好能给儿童提出一些具体的观察目标，任务描述得越具体，儿童观察的目的越明确，观察效果就越好。

（2）持续时间短

一般来说，3 岁左右的儿童持续观察图片的时间只有 5~6 分钟。随着年龄的增长，这个时间会有所延长。但对于儿童不感兴趣的对象，他们的观察时间往往会很短。所以，家长要尽可能选择能引起儿童足够兴趣的，或者在某一方面有显著特点的观察对象来对儿童进行训练。

（3）缺乏系统性和概括性

3 岁儿童在观察图形时，其眼球运动的轨迹是杂乱的。这说明儿童在观察物体时缺乏系统性，同时也发现不了事物之间的内在联系和本质特征，缺乏概括性。家长可以教给孩子一些有效观察的方法，引导孩子遵循一定的规律和线索，更有效地观察事物。例如在寻找两幅图画的不同点时，可以引导孩子遵循一定的方位顺序来观察并做适当标记，而不要毫无顺序地胡乱比较。

敏锐健康的感官是观察力的保障

观察力的训练是以感知觉发展为前提的，感知能力的提高有助于神经系统发育成熟及大脑智力开发，有助于智慧的发展。所以，家长要注意保护儿童的眼睛、鼻子、耳朵、嘴巴、手等器官的健康发育，这些感官是发展感知觉的保障。

观察力的训练主要是提高视听能力。在训练中，家长要利用并创造机会，刺激儿童各个感官的发育。例如，让儿童多看美丽的图画，多听动人的音乐，多动手、多说话等。这些训练对感官的发育有一定的刺激作用。其他的像写生、绘图之类的艺术活动，也可以促进儿童视觉机能的全面发展；文学、诗歌、戏剧等文艺活动可以把儿童的语言听觉提高到一个新的境界。

随着这些训练的开展，儿童的感觉器官灵敏度会不断提高，对外界刺激也会逐渐变得敏感，观察时调动的器官更多、观察得也更仔细、体会更深刻，观察力自然也就得到了提高。

当儿童通过训练拥有了较强的观察力时，家长可以让孩子自己探索和认识世界，从而发展出更高级的观察力。

误区一：感觉统合能力会自然而然地生成

一般情况下，儿童在 3 岁以前，特别是 6~12 个月时，是学习爬行、走路的关键时期，儿童的感觉统合能力也会在此时得到快速的发展。在这个过程中，部分儿童可能会出现身体、动作不协调的现象，但有些家长在发现了这些问题后，并没有引起足够的重视，以为等孩子长大慢慢就好了，从而错失了感觉统合训练的最佳时期。

感觉统合能力不是与生俱来的，后天的训练很重要。儿童需要从小与周围事物保持接触，接受环境信息的刺激，并主动通过训练让大脑和身体互相协调，才能不断促进感觉统合的发展和完善。如果家长没有给孩子提供足够的训练和学习机会，那么感觉统合能力便无从发展。

误区二：问题出现了才需要进行感觉统合训练

一提起感觉统合训练，不少家长认为：这是针对感觉统合失调儿童进行的一种治疗性训练，孩子如果发育正常那就不需要训练了。

这种想法并不科学。对儿童实施感觉统合训练的过程，其实是儿童认知能力和学习能力发展的过程。在儿童 6 岁以前，特别是 0~2 岁这一阶段，儿童还不能用抽象的概念来认识和理解世界，必须以实际的感觉来认识和学习。如果在这一时期儿童的感觉统合能力得到了充分的训练和发展，那

第八章

家庭教育中感觉统合训练常见误区

并不是每个家长都是心理专家或教育专家，所以在对孩子早期的教育和训练中难免会发生各种错误的认知与做法。本章说明了感觉统合训练中可能出现的几个误区，家长可以与自己的教育理念和训练方法进行比对，看看自己是否有做得不合适的地方，然后再进行改善和调整，从而更好地为孩子提供服务。

对其以后的学习能力将会产生十分有利的影响。

著名儿童心理学家皮亚杰说过："感觉运动成熟与否，是以后智能学习和思考前期孩子成功与否的基础。缺乏这方面能力的孩子，即使能够用大脑进行记忆性的学习，但观察、组织、想象、推理上的大脑功能会有应用上的困难。"

所以，在儿童早期教育过程中，就应该对其实施感觉统合的训练。家长千万不要等儿童的感觉统合出现问题后再进行训练。虽然"亡羊补牢"为时不晚，但出现问题再训练就太晚了，训练效果也会大打折扣，对儿童的生长发育很不利。

感觉统合训练在家就可以进行，家长可以从小就与孩子进行感觉统合游戏互动，这样既融洽了亲子关系，也发展了孩子的感觉统合。有条件的家庭可以带领儿童去感觉统合的专业机构找相关专家咨询，运用专业的器材进行训练，这样效果会更好。

误区三：感觉统合训练交给老师就放心了

有些家长非常重视孩子的感觉统合发展，特意将孩子送到专业老师那里进行训练。但有些家长把孩子交给老师后就彻底放手不管了，认为有专业老师训练就可以了，不需要自己再费心了。这种做法也是不正确的。

对于孩子来说，父母是第一任老师，也是感觉统合训练中不可或缺的辅助人员。家长应该全力配合训练老师的工作，密切关注孩子的训练状况，与老师一同研究、克服训练中出现的问题，并且在家中也要帮助孩子强化和巩固相关训练，成为一名合格的家庭训练师。

亲子间的交流与互动是感觉统合发展的重要基础。在训练中，如果孩子得到了来自家长的赞扬和鼓励，就会更加努力地投入到训练中去，而这些作用往往是训练老师无法替代的。另外，家长也要利用生活中的一些零碎时间来帮助孩子进行感觉统合训练。例如，在洗漱、穿衣的时候多与孩子进行一些身体接触，丰富其触觉刺激，也可以培养孩子独立生活的习惯，等等。

有了家长的参与，感觉统合训练才完整，这样不仅有利于亲子关系的发展，也能产生更好的训练效果，有利于儿童的身心健康。

误区四：感觉统合训练就是大肌肉运动

许多家长认为感觉统合训练更像一种体育锻炼，简单地将其理解为运动难度大、幅度大的大肌肉运动，甚至认为感觉统合训练可以在一定程度上代替体育活动。其实，大肌肉运动只是感觉统合训练的一部分，感觉统合训练涵盖身体协调性训练、大肌肉和小肌肉训练、手—眼—脑协调性训练以及感官训练，等等。虽然大肌肉运动可以在一定程度上刺激肌肉和神经的发育，但它对身体感官的刺激还十分有限，不能达到应有的训练效果。

感觉统合的训练过程需要创设一定的环境，让儿童接受正确的、丰富的、不间断的感觉刺激，以达到激活儿童心理、引发积极行为反应的目的。在训练过程中，所产生的感觉刺激包括触觉、味觉、嗅觉、视觉、听觉、平衡觉、本体觉等多种感觉，这些感觉只有在同一时间内不断交互、重复才能达到训练的效果。所以，如果只单纯地强调某一方面的感觉刺激和训练，就会大大影响训练的效果，甚至会让儿童的感觉统合能力从平衡变为失衡。

误区五：忽视儿童之间的个体差异

每个儿童都是独一无二的。即使是两个同样年龄的儿童，也会因遗传、身体素质等因素影响而呈现出个体间的差异。所以，感觉统合训练也是促进个体在各自水平上发展的过程，尊重个体间差异是一切教育活动的规律，不可违背。

但有些父母意识不到这一点，让自家孩子随大流，进行统一化的训练。例如在进行前庭功能增强训练时，家长还没有了解孩子的前庭功能发展情况就让其接受同一强度的训练，这样对于一些前庭功能失调严重的孩子来说就太过勉强，很容易在训练中给孩子的身体带来伤害。

另外，每个儿童都有不同的爱好和兴趣，家长应该在训练中尊重儿童的兴趣，鼓励儿童在自己感兴趣的领域尽情发展，这本身就是一种非常有益、有效的感觉统合训练。作为家长，应该用一颗平常心来顺应孩子的自然发展，好的引导是培养孩子兴趣、开发智力、发展能力、养成良好品格的重要前提，还能充分发挥孩子的天分和才能。但是，许多家长却在不知不觉中干涉了孩子的兴趣，剥夺其进行感觉统合训练的机会。例如，有的家长会因为沙子、泥巴太脏而制止孩子游戏，有的父母会因为怕孩子发生危险而不让孩子爬上爬下，有的父母常常指责孩子拆坏了家里的电器或玩具等。事实上，孩子早期的行为与其神经发育的需要是密切相连的，每一种游戏活动对孩子的生长发育来说都是有帮助的。如果家长贸然进行制止，不仅对孩子的生长发育不利，还可能影响到孩子的心理，甚至会使亲子关系变得紧张。

所以，在保证安全的前提下，家长最好不要阻碍孩子的兴趣发展，更不要盲目阻止孩子的游戏行为，要让孩子在自由的探索中找到属于自己的成长之路。例如，如果儿童很喜欢画画，但某一天家长发现孩子竟然在墙上进行涂鸦，弄得五颜六色、乱七八糟的，但是孩子却一本正经地问父母自己画得好不好。这个时候，如果家长大发雷霆、斥责孩子，就会扼杀孩子对画画的兴趣，还会伤害孩子的自尊心。倒不如先夸奖孩子“画得真好”，满足他渴望被赞扬的心理，然后再买来画纸给孩子，耐心告诉他以后要在纸上画，这样画出来的画会更好看。这样，孩子就更易于接受家长的教导，也能将随手的涂鸦进一步升华到画画的兴趣上，让孩子找到自己的爱好所在。

误区六：高估儿童的承受能力

在感觉统合训练中，许多家长急于求成，盲目加大训练的强度或难度，结果非但没能使孩子在原有的水平上得到充分发展、提高能力，反而增加了孩子的负担，超出孩子的承受能力。例如，在运用滑板进行前庭感觉、本体感觉、触觉等训练之前，没有对孩子俯卧滑行持续的时间进行科学测量，结果造成活动量过大或者过强，对正处于骨骼发育关键时期的孩子造成不利影响。有的训练内容难度太大，即使孩子付出了很大的努力也无法完成，导致孩子出现心理障碍，训练也无法正常进行下去。

上述问题主要是因为家长过于心急，设定的期望值完全超出了孩子的承受能力，结果事与愿违。在训练中越来越多的失败，会加重孩子的心理负担，打击孩子战胜困难的信心和勇气，从而产生放弃训练的念头。针对这种情况，家长应该牢记孩子才是感觉统合训练的主体，一切都要以孩子为主，不要把自己的意志强加于孩子身上。只有对孩子的承受能力有一个清晰的认识，才能更好地帮助其发展感觉统合。

误区七：忽视“多动”与“好动”的区别

“多动症”是一种非常容易被误解的疾病。儿童调皮好动、不守纪律，就会常常被老师和家长认定为患了多动症。然而，儿童的心理特征本来就是好胜、好奇、好动、好模仿和富于想象，其中又以好动更为突出。如果家长对儿童的这种天性加以限制，反而与儿童的心理特性相违背。

儿童好动，是精力旺盛、身心健康的表现。只有患有营养不良、重症贫血或有其他先天性疾病的孩子才不好动。好动也是孩子探索自然和社会的一种表现，他们看到什么都要摸一摸、动一动，还会提出各种各样的问题，对周围的事物都感到新鲜、好奇和不理解。这些表现与“多动”有着本质的区别。

什么才算“多动”

真正的多动症（又称注意缺陷多动障碍）是一种脑功能障碍，与儿童大脑中的前额叶、尾状核、胼胝体以及多巴胺的分泌都有关系。在多动症的鉴别上，无论是欧洲通用的精神病诊断标准 ICD-10，美国精神病诊断标准 DSM-V，还是我国的诊断标准，其中一些行为表现的描述大体都是一致的。

下面是最新修订的美国精神病诊断标准 DSM-V 中对多动症的诊断标准，必须 A 到 E 都满足才属于多动症。

A. 在下列注意缺陷和多动状态的特征中，必须具有 6 条或以上，且持续时间大于6个月。

①经常不能注意细节或经常在学校及其他活动中犯粗心的错误。

②在完成任务或活动中，注意力的维持很困难（如谈话或长篇阅读）。

③当和别人直接交谈时，经常出现没有倾听的状况，即使环境中并没有明显干扰也经常走神。

④经常不能遵守纪律，并且不能完成功课、家务（如刚开始学习就很快分心并且容易转移目标）。

⑤组织任务和活动经常有困难（如维持任务顺序困难、乱放物品、时间管理无序、不能按时完成任务）。

⑥经常回避或者勉强从事需要维持脑力的活动（如学校活动或家务）。

⑦经常丢失完成任务或活动必需的物品（如学习材料、铅笔、书本、工具、钥匙、书面作业、眼镜）。

⑧无关刺激经常容易引起分心（如无关想法）。

⑨经常忘记日常活动。

⑩经常扭动不安、坐卧不宁。

⑪在需要安坐的场合经常难以控制自己（如在教室）。

⑫在不适宜的场所经常奔跑和攀爬。

⑬经常不能安静地玩耍或从事休闲活动。

⑭经常不停地“活动”（如在餐馆吃饭时，时间稍有延长就坐立不安，不能与大家同步）。

⑮经常说话过多。

⑯经常在他人还未说完问题时，就急着回答（如接话茬儿、插话）。

⑰经常不能等候（如排队）。

⑱经常打断或干扰别人（如粗暴插手于游戏或其他活动、未经许可随

便使用他人物品、干扰或插手别人正在做的事)。

B. 症状出现在 12 岁之前。

C. 症状出现在两个以上的环境(如在学校、家庭、餐馆、课外班、图书馆等)。

D. 症状明显地影响了社会、学业和职业功能。

E. 症状不是由精神分裂症或其他精神病性障碍引起，也不能由其他精神障碍来解释。

在这些诊断标准中，很多儿童都会在一定的年龄或情境下表现出其中的几条，如忘带作业、不听指挥、说话过多等，这是因为儿童的好奇心强、易冲动、自控力差、社会经验少。但是，儿童偶尔表现出来的多动行为或经常表现出的某一种多动行为，并不意味着就是多动症。所以，家长千万别随便带孩子诊断、治疗。

“多动”与“好动”的具体区别

在实际生活当中，调皮好动的儿童和患有多动症的儿童的表现非常相似，让许多家长难以判断。不过只要仔细观察，还是会发现他们有以下四点明显的区别。

(1)行动目的性

顽皮好动的儿童行动一般原因性和目的性都很强，并且通常都会做好计划和安排；而多动症儿童的行为则表现为冲动、做事缺乏明确目的。以推积木为例：顽皮好动的儿童将其他小朋友的积木推倒，目的可能是想引起他人的注意；而多动症儿童的行为则是无意义的，仅仅是为了推倒而去推倒。

（2）自我控制能力

好动的儿童具有自我控制能力，在严肃、陌生的场合会停止恶作剧或调皮好动的行为，表现得规规矩矩，甚至可以静坐等待。而多动症儿童控制力较差，且不分场合、不分时间地做出某些出格的行为，就算遭到家长的责骂也没有悔改之意。

（3）注意力与兴趣的关系

好动的儿童虽然比其他儿童更加顽皮、好奇，但通常只有在其认为某件事情过于枯燥的时候才会出现故意捣乱、动来动去的行为，只要遇到自己感兴趣的事情，如听故事、看动画片、看木偶剧等，就会非常专注，并且讨厌他人的打扰。而多动症儿童的行为多具有冲动性，且没有明显的兴趣爱好，玩什么都会心不在焉，无法全身心地投入。

（4）通过药物观察

给顽皮好动的孩子服用镇静药物可以产生催眠的作用，而多动症儿童服用这类药物之后不仅不会安静，反而会更加兴奋和多动。

第九章 家庭辅助与婴儿感觉统合训练

婴幼儿时期是感觉统合发展的黄金时期。很多家长虽对“早教”有所耳闻，却不明白怎样对宝宝进行早期教育。本章从胎教开始，详细介绍了 1~11 月龄宝宝的训练方法，其中涵盖身体协调性训练、手眼协调性训练、视听统合训练、触嗅觉训练、语言与社会性训练多个方面。只有加强对婴儿的感觉统合训练，才能预防感觉统合失调的发生，为孩子今后的发展打下坚实的基础。

从孕期开始预防感觉统合失调

人体最初的感觉发生在什么时候呢？准确地说，当一个受精卵形成时，细胞体便有了感觉，但是非常细微。当胚体发育到3个月时，人形初具，大脑也有了形状，但胎内的感官及神经均未成熟，感觉信息仍非常微小。

对于腹中的胎儿来说，虽然只具备很弱的学习能力，但同样不可忽视。实施科学的胎教是很有必要的，这对胎儿出生后的感觉统合发展很有好处。但是，家长对胎教要有一个准确的认识，不可过度夸大其效果。例如，曾经很流行在孕期和胎儿讲话，这其实意义不大。虽然怀孕5个月时，胎儿的听觉已逐渐成熟，但由于隔着母亲的肚皮及子宫壁，外界的声音很难进入，胎内的环境是相当安静的，所以胎儿并不能清晰听到外界的声音。更何况语言的学习主要是后天开始的，所以胎儿可能很难听懂大人讲的话。至于像其他一些“女性怀孕

时常看俊男美女的相片会生出漂亮的宝宝”之类的说法，更缺乏科学依据。

怀孕各个时期的情绪调整

女性怀孕时如果情绪处于应激状态，将会影响孩子的心理健康、注意力、学习能力等。所以，孕妇要努力调适自己的情绪，使自己一直处于良好的心理状态中。

怀孕前：一些女性朋友常常会焦虑，如果要了孩子工作怎么办，怀孕后自己身材走样，生孩子一定很痛苦吧，这些紧张情绪经常会导致内分泌紊乱，很难如愿怀孕。所以，在怀孕前半年就应该做好心理上的准备，把工作安排好。孕妇可以每天服用一粒维生素 E，可防止流产和色斑的出现。

怀孕前三个月：这时孕妇常常会为保胎而烦心。但是，这一时期是胎儿发育大脑神经系统的关键时期，所以孕妇千万不要因为保胎而卧床不动。如果孕妇很少活动，会造成孩子大脑前庭神经系统功能发育不足，影响注意力集中的能力。所以，孕妇要适当地活动，散步、听音乐、逛街、聊天都可以保持心情舒畅。如果孕妇情绪处于压抑、愤怒、悲伤、紧张的状态下，极易造成胎儿缺氧，影响大脑神经系统的发育。

怀孕中期：孕妇会产生新的焦虑和不安，例如总是担心胎儿会不会太小，为什么还没有胎动。这时随着胎儿的发育，在宫内的空间也越来越小，而孕妇的情绪紧张会造成宫内缺氧，影响胎儿大脑的发育和情绪。孕妇可以去医院做全面的检查，去除心病，让自己安心。

怀孕后期：孕妇会比较关心胎儿的身体状况、生产过程以及将来孩子的抚育问题等。这个时候，孕妇应该静下心来，向医生或长辈咨询相关经验，也可以多读一些儿童心理学、婴幼儿早期训练方法的书，为孩子的出生做好准备，这才是上上之策。

保持脐带的畅通

胎儿生长发育速度很快，尤其脑部的发育需要大量的营养素及氧气，脑细胞才能健全生长。但是，胎儿无法自己呼吸和进食，所有的营养及氧气必须通过脐带由胎儿的脐眼输入体内。所以，保持脐带的畅通是非常重要的。

脐带有很多微血管及毛细管，是主要的物质输送管道。由于这些管道非常狭窄，所以当受到刺激而紧缩时，便有可能无法输送足够的养分及氧气，进而影响胎儿脑部的发育。由于触觉神经最多也最复杂，因此和大脑细胞的互动也最敏锐，如果胎儿期大脑细胞在成长上有任何缺憾，那么出生后婴幼儿的触觉学习能力就会受影响，最常见的问题有怕生、爱哭、焦躁、脾气不稳、胆小、黏人，有时还会出现听力不足、发音不良的现象。

所以，孕妇在怀孕 3 个月时就应该小心，要避免进食刺激食物，如太辣的、太咸的食物，更要避免抽烟、喝酒、喝浓茶及咖啡。

注意胎位变化

孕妇怀孕期间最为重要的是第五个月开始的胎位变化，这是胎儿身体和地心引力练习协调的第一个阶段。所以怀孕时最好经常散步，让肌肉完全放松，这样胎位便能保持正常变化。尤其是工作压力大的孕妇更要特别小心胎位的维护，这样有利于胎儿的平衡能力发展。

1 月龄：开始感知自己的小手

身体协调性训练

1 月龄孩子的动作依然是无规则、不协调的动作。所以这时要加强其身体动作的协调性。

满月后，让孩子仰卧，妈妈站在孩子脚的方向，想办法吸引他注视妈妈的脸，然后轻轻握住孩子的两只手腕将他拉起，孩子的头部能保持竖直 2~5 秒。出生后 6 周的孩子被抱着立起时头部能竖直稳定，但有些孩子在出生后 3 周时就能掌握该技能，而晚的要到 4 个月才能达到，在这个时间范围内都属于正常。

1. 学习俯卧抬头

训练孩子抬头，每天练习 2~3 次。

让孩子趴着斜躺在大人的胸腹部，大人双手放在孩子头侧，唤孩子的名字并帮他抬头看大人的脸。

让孩子俯卧床上，在孩子头顶上方摇动玩具逗引他抬头观看。

将孩子竖抱起来，让他的脸向着前方。另一个人在孩子的背后忽左忽右地伸头、摇铃或呼唤孩子的名字，逗引他左右转头，以增强其颈部肌肉的控制力。

2. 练习踢蹬彩球

在婴儿床的上方挂几个大彩球，或妈妈用手拿着一个大彩球。让孩子在仰卧状态下蹬踢吊在上方的大彩球（也可用吹满气、内有小铃铛的大塑料袋）。孩子很喜欢活动双腿，当他蹬到大彩球并看到球在跳动，或蹬踢吹气的塑料袋并听到铃铛响时，会更努力地蹬踢。孩子在蹬动时屈伸膝盖，双腿上举或随球而动，表现得非常兴奋、快乐。

3. 亲子游泳

在恒温游泳室内，由父母陪同，在专业护理老师的保护下，父母可以和孩子一起游泳、嬉戏，让孩子自由漂浮、下沉，并提示孩子运动手脚。

手眼协调性训练

在孩子 1 个月时要注意多进行手部动作的训练，因为手不仅是动作器官，还与大脑的发育密切相关，手与眼的神经联系是将来发展一切技巧的基础。手眼动作的协调能力标志着一个孩子发育的成熟程度，只要注意训练，手眼动作就能较快地协调起来。

出生时孩子手指屈肌呈紧张状态，因此手总是呈握拳状态。只有眼与手的动作协调之后，孩子才能有意识地运用双手。出生后第一个月孩子握物只是物触手心引起的脊神经弧的反射，没有眼睛和大脑的参与。1 个月时，孩子开始发现自己的小手，喜欢把双手放在眼前抓握玩耍，手指也能打开和合拢。孩子对手的观察是手与眼协调的第一步，只有先看到手，才会用手去抓握和够取眼前的玩具。

用松紧带穿上彩色木珠做成鲜艳的手镯，戴在孩子手腕上，大人拉着孩子的小手放在孩子的最佳视线之内。孩子会好奇地看着这美丽又会活动的手镯，使劲儿地挥动并盯着它看。

把手镯取下戴到孩子的另一只手腕上，或在另一只手腕上也套上小手镯。孩子逐渐注意到自己会活动的双手，盯着看高高举起的手，也开始注意到妈妈活动的手。

视听统合训练

1. 促进视觉发育

在孩子的床头挂一些会动的彩色玩具让他观察。

大人将红球、铃铛或其他色彩鲜艳的玩具拿到孩子面前，等引起孩子的注视后再缓慢移动物体，吸引孩子的眼睛跟着物体移动，提高他的注意力。

在室内墙壁四周挂上色泽鲜艳的图画，如人物、动物、水果、交通工具、花草树木等。画面要单一、重点突出。大人竖抱着孩子看挂图，并向他介绍图画。例如，“看，红红的大苹果真好吃”“小弟弟在打球”“小汽车嘀嘀叫”“猴子上树啦”，等等。当抱着孩子走到某幅他喜欢的图画前，孩子会眉飞色舞、手舞足蹈，并表现出要多看一会儿的意愿。如果孩子每次看到这幅图或玩具都引起同样反应，那说明神经通路已建成。对其他挂图或玩具不能产生同样反应，说明孩子有了明确的视分辨能力。在此基础上孩子会产生对人、对物的选择性喜爱的能力，为下个月认识妈妈打下基础。

2. 促进听觉发育

父母要多和孩子说话，虽然这时他还不能用语言回答，但是家人特别是妈妈的亲切话语会使孩子感到很舒适。当妈妈面对孩子亲切地说笑、交谈时，孩子会紧盯着妈妈的脸，似乎已懂得妈妈发出的语言。

在孩子学会说话之前，每天都要为孩子放音乐。优美健康的音乐能为孩子右脑的发育增加特殊的“营养”。给孩子听的音乐要优美、轻柔、明快，最好每天固定一个时间听音乐，每次播放一首乐曲，一次 5~10 分钟。播放音乐时要注意音量大小的调节，可以先将音量调到最小，然后再逐渐增大音量，直到比正常说话的音量稍大一点儿即可。

在孩子的小床上系上不同音质或音调的发声玩具，刺激孩子的听觉神经，促进听觉发育。用摇铃轻轻在孩子的一侧摇动、发出声响，孩子听到声音后会转头寻找。然后再在孩子的另一侧摇动，孩子就会继续寻找。

触嗅觉训练

（1）丰富触觉体验

妈妈要多为孩子创造一些机会，让孩子接触各种不同质地、形状的东西，如小块积木、塑料小球、小瓶盖、小摇铃、海绵条、绒毛动物、橡皮娃娃、吹气玩具、衣领、被角、蔬菜、水果等。在天气好的时候可以带孩子到户外去触摸大自然，如树叶、小草、小石头等。妈妈可以握着孩子的小手，让孩子摸一摸，并告诉他“毛线团，软软的；小钢球，硬硬的，凉凉的”，这样能丰富孩子的触觉，促使孩子产生抓物的欲望，锻炼手的抓握能力。

（2）做手指按摩操

妈妈每天都应该给孩子做手指按摩操，按摩的部位可以是手指的背部、手指肚及两侧，但重点是指尖，因为指尖上布满了感觉神经，是感觉最敏锐的部位，按摩指尖更能刺激大脑皮层的发育。

按摩可以在洗澡或洗手时进行，也可以在喂奶时进行。妈妈要用自己的拇指和食指捏住孩子的手指，从指根轻轻滑向指尖，一根手指一根手指轮流做，每个指头每回按摩两个八拍，每天按摩一到两次。

语言与社会性训练

1 个月的孩子开始注意经常照顾他的人，并会用目光追随。孩子还喜欢妈妈的拥抱，喜欢听妈妈的心跳。吃奶时眼睛会不时看着妈妈，喜欢和妈妈进行目光交流，甚至会手舞足蹈起来。如果孩子到 3 个月后还不会与成人目光接触，应该做一次视力检查，以排除眼睛方面的疾病。

从出生第 5 周开始，孩子会出现社会性微笑。当父母冲着孩子微笑时，他会报之以微笑。父母经常逗弄孩子，孩子会经常笑。但这种微笑没有特别的指向，无论谁逗他都会表现出这种微笑。家长要让孩子经常笑，见人就笑，养成豁达乐观的性格。

2 月龄：认识妈妈，学会微笑

身体协调性训练

1. 学习俯卧用肘撑起

2 个月的孩子俯卧位时能将头竖直并保持在中线，而不是转向一边；头部能持久抬至 45°，下颏离开床面 5 厘米 ~7 厘米。俯卧用肘撑起训练可以锻炼孩子颈部、上肢和胸部的肌肉，扩大孩子的视野。

让孩子俯卧，把可移动的镜子摆在孩子头侧。孩子喜欢看镜中的自己，会努力把上身撑起来。大人帮助孩子把一侧肘部放好，孩子会主动把另一侧也放好，使整个胸部都撑起来。孩子很喜欢用肘和前臂将上半身撑起。如果把镜子放在孩子面前，让他能看到身后的事物，会使他十分高兴。

2. 提高感觉统合能力

让孩子仰卧，把系上铃铛的大花球吊在孩子能看到的地方。拉一根绳子，一头系在球上，另一头系一个松紧带环套在孩子左侧手腕上。大人扶着孩子的左手摇动，会牵动大花球上的铃铛作响。大人松手让孩子自己玩，孩子会舞动四肢或者晃动身体使铃铛作响。不久后孩子就会试着动腿或动胳膊，逐渐知道只挥动左臂就能使铃铛作响。当孩子学会这种技能后，家长可把松紧带环套到孩子的右腕上，孩子会重新晃动身体，最后会知道只动右腕也可使铃铛作响。这样再把松紧带环轮流套到左、右脚踝上，孩子也能经过几次试验而找出该动哪一个肢体使铃铛作响。

3. 学习侧翻

2个月的孩子能从侧卧转到俯卧，也能从俯卧变成侧卧，有的还能从仰卧转到侧卧。有的孩子在3周时就能学会该技能，晚的要到5个月才能达到，在这个范围内都属于正常。

将孩子感兴趣的声音

或者玩具放在他的头部两侧，吸引其侧颈注视。每次玩具或者声音的位置都不要固定，这样才能使孩子的颈部肌肉得到更好的锻炼，为日后训练翻身打下基础。如果孩子的身体条件允许，在进行颈部锻炼时还可以增加几个动作：当孩子转头时，大人一手握住孩子的左手，另一手将左腿搭在右腿上，辅助孩子向对侧侧翻，左右轮流侧翻练习，来帮助孩子感觉体位的变化，学习侧翻。

4. 飞毯

让孩子俯卧在床单上，父母拽紧床单的边并提起来，前后左右不断摇晃，让孩子保持身体的平衡。还可以让孩子仰卧在床单上，父母拽紧床单的边将孩子抛起来，然后接住。

手眼协调性训练

首先，2 个月的孩子仰卧时能用手指抓自己的身体、头发或衣服。大人用拨浪鼓柄触碰孩子的手掌，孩子能握住拨浪鼓，让拨浪鼓在手中停留一会儿，还可以把拨浪鼓举起来。为了进一步发展孩子的抓握能力，大人可以继续按摩孩子的小手，并将自己的手指或不同质地的条状小物品放到孩子手心中，再抽出来，促进其感知觉的发育。大人也可以用手握住孩子的小手，帮助他延长握紧的时间。

其次，将色彩鲜艳、能发声的玩具吊挂在婴儿床上方孩子能够到的地方，距孩子脸部 20 厘米 ~30 厘米。大人先握住孩子的手帮他用手摸、拍、抓玩具，然后再鼓励他主动拍玩具。如果孩子自己拍到了玩具，大人要及时鼓励，如用夸张的表情说："宝宝太棒了！"并亲吻一下孩子。

然后，在孩子小床周围稍高处挂上五颜六色、带响的玩具，如小铃铛、风铃等，用绳子一头拴玩具，一头拴在小床边孩子挥臂能碰到的地方。孩子看到玩具就会自动挥臂，一挥臂就会碰响玩具。玩具移动或发出响声都会引起孩子的兴趣，于是他会很有兴趣地听、看，并不断挥臂去碰绳子。

视听统合训练

1. 会移动的洋娃娃

准备一个服饰鲜艳、形象逼真的洋娃娃作为游戏用具。家长将孩子平放在床上，一只手拿着洋娃娃缓缓地在孩子水平方向移动，再向上移动。移动时幅度要小，控制在5厘米~7厘米。移动频率也要慢，约每秒钟一次。这样进行几次后可改变洋娃娃的移动方向，如向前或向后垂直移动。除了玩具娃娃之外，家长也可以将孩子抱起，慢慢地将其左右或者前后移动，引导孩子视线的远近变化，有助于其注意力的集中。

2. 丰富的听觉刺激

2个月的孩子对能够发出声音的手铃和脚铃非常感兴趣，听见摇铃的声音，孩子会把身子和头都转过去，并尝试着用手去抓。父母可以给孩子提供容易抓住的、能发出不同声响的玩具，如沙球、响板等，让孩子自由地触摸、敲打，发出各种声音，充分刺激孩子的听觉。

语言与社会性训练

1. 多与孩子咿呀对话

2个月的孩子能发出一些简单的音节，能用咿咿呀呀的声音与大人交流。如果大人和孩子用“呃啊”的单音节交流，他就会和家人“呃啊”地交流起来，并表现得很愉快。父母应该经常这样和孩子交流，当孩子对父母的谈话做出反应时要给予鼓励。这同时也是对孩子初期的发音训练，能让孩子将自己的声音同听到的声音联系起来，使其对外界的语言刺激更敏感。

2. 多与孩子玩耍

孩子在2个月时开始认识妈妈，并出现有差别、有选择的社会性微笑。当孩子看到妈妈准备喂奶，会表现出异常兴奋的神情。而且经常手舞足蹈，盯着父母的脸看好长时间。但对其不熟悉的人会带有一种警惕的注意。父母应该经常与孩子玩耍，同时也能了解孩子的脾气秉性。

3. 激发孩子的好奇心

把孩子抱至镜子前，让孩子观察自己的形象。这时孩子会开始用头去碰镜子，用身体去撞，用脚去踢，在镜前做各种动作。妈妈要告诉孩子“这是宝宝，那是妈妈”，让他认识自己的形象，看清楚自己身体的每一个部位。然后再让孩子从镜中看不同位置的事物，激发其好奇心和探索环境的兴趣。

3 月龄：学会翻身的黄金时期

身体协调性训练

1. 为学习翻身做准备

3 个月是孩子翻身能力发展的黄金时期，也是身体协调性、腰部力量、手脚力量和平衡能力发展的关键期。这个月，孩子开始出现被动翻身的倾向，到 6 个月时就能比较自如地翻身了。

学会翻身可以扩大孩子的视觉范围，使其接收到外界更多的信息和刺激，还可以增强其四肢肌肉及腰腹肌肉的力量，为日后学习爬行打下基础。另外，翻身也可以促进孩子空间智能的发展，刺激前庭平衡觉，促进感觉统合功能发展，对孩子的智力发展有重要意义。

在婴儿床上方约 60 厘米高处悬挂一个色彩鲜艳的大气球，或能发出清脆悦耳声音的彩色风铃。让孩子先趴在床上，两臂向下支撑着身体。妈妈在一旁摇动大气球或风铃，吸引孩子抬头挺胸往上看，并尽量促使其看的时间长一些。在训练刚开始，孩子可能支撑得不太好，但随着不断地练习，孩子一般都可以坚持 2 分钟左右。等到孩子的两臂有了一定支撑力之后，妈妈可以调整大气球的高度（孩子仰卧在床时小手和小脚都能够到），再吸引孩子伸出小手和小脚去抓，这样有利于孩子动作协调性的发展，为学会主动翻身做准备。

2. 练习拉坐

大人用双手扶着孩子双肩，一边喊“坐起”的口令一边向前向上拉，孩子会抬起上身配合大人的动作坐起来。这样练习几次后，大人可用双手拉着孩子的肘部和前臂，边喊口令边扶孩子坐起。等孩子熟练这个动作后，大人可用食指放入孩子掌心让其握着，再喊口令让他坐起。口令是让孩子协同动作的命令，孩子听懂什么叫“坐起”后，再听到命令就会将头伸起，然后上身离开床铺，借助大人的握力坐起来。

手眼协调性训练

1. 宝宝拿

大人用一只手将孩子抱在胸前，使其坐在自己的前臂上，头部和背部贴在大人的前胸。再用另一只手抱住孩子的胸部，在视野较开阔的地方来回走动，让孩子能注视到周围环境中的东西。如果此时孩子因为注意到什么而向某处伸手，大人最好不要制止他的动作，应该用积极的语调问孩子：“宝宝看到什么了？指给妈妈看！”这样能让孩子感受到鼓励，激发其兴趣，使孩子主动挺胸抬头、伸手够拿。如果孩子无法长时间保持头和身体挺直，大人也可用一只手托住孩子的头、颈、背，防止孩子头后仰。

2. 摆弄糖豆

随着视觉功能的发育，3 个月的孩子能看到直径 3 毫米的红色小丸，并会用一只或两只手接触。大人可以在洁白的餐巾纸中央放一粒红色的糖豆或其他东西，观察孩子能否注意到这粒糖豆，看看他的手、眼协调是否良好。一般情况下，孩子会专注地看这粒小东西，当明白它自己不会动、不会叫时，就会伸手去拨弄，企图把它抓起来放入嘴里。此时大人要注意孩子的动作，不要让他抓到手中，以防误吞。在训练刚开始，孩子拨弄糖豆时手掌的动作不准确，只会用手指把糖豆拨到掌心，但抓不准，常常容易掉下来。但只要能拨弄糖豆，就说明孩子的手眼协调能力已经很好了。

3. 够取悬吊的玩具

大人可先把玩具放在孩子伸手能够摸到的地方，等孩子摸到后再将玩具推远一点，吸引他再伸手碰触玩具。孩子在抓到玩具时首先会放入口中啃咬，尝尝它能不能吃、有什么味道，所以大人要将玩具清洗干净。这样训练一段时间后，孩子就能用双手协作、一前一后将玩具抱住。另外，悬吊的玩具质地应当有所不同，如气球、彩色袜子、小灯笼、小毛绒玩具等。这些物品会给孩子不同的感受，所以也可以将此作为触觉训练的一部分。

视听统合训练

1. 提高连续追视的能力

将孩子抱坐在有镜子的桌前，然后大人把小球从桌子右侧滚向左侧，再从左侧滚回右侧。从镜中可以看到孩子的眼睛和头会跟着小球转动。小球滚动的速度可以先慢后快，观察孩子的视线是否能一直跟上。但速度总体不宜过快，否则会引起孩子的视力疲劳。

2. 减少孩子吃手的兴趣

3 个月的孩子喜欢吸吮手指，当手碰到嘴巴就会反射性地吸吮起来，倘若家长强行把他的手拿开，就会引起大哭大闹。所以，家长不妨采取转移注意力的方法，让孩子主动放弃吸吮手指。

大人可以准备几个有声玩具，如拨浪鼓、会叫的毛绒玩具等，并将这些玩具放到孩子面前。拿起拨浪鼓，轻轻在孩子耳边晃动，孩子的注意力被吸引后就会停止吃手指。接着，大人在孩子的另一边继续摇晃拨浪鼓，孩子就会忙着寻找声音的来源，从而自然而然地忘掉吸吮手指这件事。

语言与社会性训练

出生后100天的孩子大多数都会用口唇发出辅音，有时也会自言自语地说“啊不”或“啊咕”。这时大人也应同时与孩子相互呼应，从而让他尽量多说话。当孩子知道大人喜欢听他发音时，就会一个劲儿地把声音拉长或者反复说话，大人也要鼓掌表示鼓励和欢迎。虽然孩子不可能懂得发音的含义，但这些重复的练习会让孩子渐渐懂得一些简单词，如“爸”“妈”的含义，而且能慢慢分清这些词具体指的是哪一个人，对以后称呼大人和说物品名称也有很大好处。如果缺少这些训练，孩子懂话的能力就会延迟。

4月龄：训练协调能力的黄金时期

身体协调性训练

1. 练习向两侧翻身

让孩子仰卧在床上，妈妈轻轻握着孩子的两条小腿，将其右腿放在左腿上面，让孩子的身体自然地扭过去，变成俯卧的姿势。这样多次训练后，孩子就能学会翻身。一般情况下，孩子首先学会向一侧翻身，等熟练以后会主动地向习惯的一侧翻身。这时，大人要有意识地吸引他向不熟练的一侧翻身，如用玩具吸引并扶着他的肩朝着一侧转动。训练孩子向两侧翻身可为下个月做180° 翻身做准备。

2. 练习靠坐

大人可以让孩子背靠着枕头、小被子、垫子等软的东西半坐起来。一般情况下，孩子很喜欢靠坐，因为靠坐比躺着看得更远，双手也可以同时摆弄玩具。另外，孩子靠坐时两条腿会蹬来踢去，身体会因为下滑而躺下，也会重心偏移导致身体倒向一侧，所以大人应该一直守在旁边照料。靠坐训练的时间不宜太久，刚开始时可坐 3~5 分钟，熟练后也不宜超过 10 分钟。让孩子练习靠坐，能强壮孩子的腰背部肌肉，并为以后的独坐打下基础。

手眼协调性训练

1. 练习大把抓

对于 4 个月的孩子来说，其大脑的信息传递以及肌肉的控制能力都达到了一个新的水平，能够完成类似伸手拿玩具的动作，所以这是训练孩子协调能力的关键时期，要注意给孩子一些容易抓握的摇铃来练习抓握技能，否则孩子可能就会伸手来抓妈妈的头发、眼镜或耳环等物品。

大人可以把拨浪鼓拿到孩子面前摇晃，然后将其放在孩子胸前伸手即可抓到的地方，引导他去碰和抓。如果孩子抓了几次都没抓到，也可直接放在他手中让他握住，然后再放开，教孩子继续学抓。如果孩子出现只看拨浪鼓而不伸手抓的情况，大人可以用拨浪鼓触碰他的小手，吸引他伸手去抓，也可以把拨浪鼓放在他手中，然后摇晃他的手，让拨浪鼓发出响声，引起他抓握的兴趣。

大人抱起孩子靠在桌前，在距其 1 米远处用拨浪鼓吸引孩子，观察他是否注意。然后将拨浪鼓逐渐靠近孩子，让孩子一伸手即可触摸到拨浪鼓。如果孩子不主动伸手，可引导他用手去抓握、触摸和摆弄拨浪鼓。这个训练可以培养孩子接近、触摸和摆弄物体的能力。

2. 玩躲猫猫

妈妈和孩子面对面坐好，妈妈一边温柔地说："宝宝不见了！"一边用小手绢把孩子的脸遮住，观察孩子是否会用手把手绢拽下。如果孩子把手绢拽了下来，妈妈要用愉快的声音说："宝宝又出来了，真棒！"然后再重复训练。如果孩子不会用手拽下手绢，妈妈就要拿着孩子的小手，帮助他拽下来。另外，妈妈也可以自己用手绢盖住头，说："妈妈不见了！"等几秒钟后自己再拿下手绢，对孩子说"妈妈又变出来了"，然后再用手绢盖住自己的头，问孩子："妈妈去哪里了？"以此来鼓励孩子用手拉下妈妈头上的手绢。

视听统合训练

1. 练习循声找物

抱孩子坐在矮凳上，用带铃铛的玩具同孩子玩耍。将玩具放得越来越低，最后掉到地上发出声音，观察孩子能否用眼睛去寻找玩具。这样训练几次后，再抱起孩子坐在桌旁摆弄玩具，并故意把带铃铛的玩具扔在地上，看孩子能否用眼睛循声寻找。也可以将金属制的小勺、小锅扔到地上发出声音，观察孩子是否会寻找。

2. 促进听觉发育

大人可以给孩子准备一些玩具，如八音盒、摇铃、拨浪鼓、各种形状的吹塑捏响玩具等，然后让孩子倾听玩具不同的音质和声响。也可以在家里的阳台上挂一只风铃，当风吹过时便发出悦耳的声音。这种不定时发出的声音可以经常在孩子的耳边萦绕，即使在父母顾不上的时候也能帮助刺激孩子听觉的发展。

大人用嘴、牙齿、舌头配合着发出各种声音，因为孩子喜欢看父母的脸，所以很容易被父母嘴里发出的各种奇怪声音吸引。大人也可以将平时孩子发出的各种声音录下来，如哭声、叫声、笑声等，然后在孩子心情愉快时放给他听，孩子会因为感兴趣而听得非常专注。

3. 学认第一种物品

将孩子抱到台灯前，用手打开或熄灭台灯。刚开始训练时，孩子只会盯着妈妈的脸，继而看妈妈的手，接着会注意到妈妈手动一下灯就亮了，再动一下灯就灭掉，最后会被这种奇特的现象深深吸引。这样操作几次后，抱孩子离开灯，并问“灯呢”，看孩子能否用目光盯住灯的方向。如果将孩子抱到不同的位置仍然盯着灯看，就说明他已经学会认识“灯”这种物品了。像这样每天复习几次，再反复问几次，孩子就会真正记住这个物品。

有些孩子特别喜欢门，因为出了门就能到外面玩，所以可以先教他认识门；有些孩子喜欢看汽车在马路上跑，所以先认“嘀嘀”就会很快；有些孩子喜欢看某幅彩图，所以教他先认彩图效果最好；有些孩子很容易认识爱吃的东西，如奶瓶，所以可以先教他认识奶瓶。另外，也可以让孩子将声音与某一种物品联系起来，让孩子一听到声音就会用目光盯住某种物品。

语言与社会性训练

4个月的孩子能辨别一些语调、语气和音色的变化，也能高声叫或发出好听的声音。咿呀作语的声调变得越来越长，似乎想用声音来和大人交谈，心理学家将这个阶段称为“连续音节阶段”。这时，父母应该利用各种机会多跟孩子进行简单的对话交流，不断重复日常生活中能够接触到的事物或活动。例如，给孩子喂奶前对孩子说“吃奶”；给孩子洗澡前说“洗澡”；拿一个苹果，一边指着苹果一边告诉孩子“苹果”。无论孩子能否听懂，大人都要耐心、反复地讲，这是帮助孩子积累词汇的有效训练方法。

5月龄：双手协调能力发展的关键时期

身体协调性训练

1.180° 翻身

当孩子俯卧时在其身后摆弄一个发声玩具，孩子会转身来看，并很自然地松开一只支撑的手。然后大人把发声玩具移到高处，孩子的身体会随着移动，当其下肢也抬起来时就变成了仰卧的姿势。孩子仰卧时，在孩子身体的任一侧放置玩具，诱使他侧卧。然后将玩具放到孩子头顶的方向，诱使孩子抬头去看玩具，最后翻成俯卧的姿势。大人要经常帮助孩子练习这种从俯卧翻到仰卧或者从仰卧翻到俯卧的180° 翻身，为下个月的360° 翻身做准备。

2. 由蛤蟆坐到坐稳

先让孩子练习靠着坐，前面放几个玩具让孩子拿着玩。孩子要够取到

玩具就会离开靠垫。由于孩子的头太重，所以身体就会前倾，如同蛤蟆一样用双手去支撑。然后大人将他扶到靠坐的垫子上，不一会儿孩子身体又会再度前倾。这种状态要持续 1 周 ~2 周，等孩子的颈部能完全支撑头部重量时就能离开靠垫完全坐稳。

3. 练习扶腋蹦跳

大人用双手扶住孩子的腋下，让孩子站立、臀部伸展、两膝略微弯曲，大人要支持孩子大部分的体重。当大人向上托举孩子时，孩子的双腿会有一定的张力。让孩子在快乐蹦跳时练习部分负重，锻炼下肢肌肉，为将来爬行和站立做准备。如果孩子的双腿能部分负重，且在蹦跳时能部分伸直，那么大人扶持的力量可稍微减轻。这样每天早晚各训练一到两次，每次训练时间不宜过长。

手眼协调性训练

孩子 5 个月时是双手协调能力产生和发展的关键期。此时孩子开始学习双手传递物品或双手协作拿取、抱持物品，所以培养孩子双手的分工合作能力非常重要。

1. 学习对掌握物

让孩子双手各拿一个玩具对敲，孩子会很乐意听它们发出的声音。如果此时大人再给他一个玩具，他会扔掉手中的去拿新的。大人将他扔掉的玩具收走，使他不敢再扔，于是他会把手中的玩具放在胳膊上抱着，再去拿一个。胳膊抱不住东西，孩子会用手尝试多种办法，最后学会将左手拿的玩具放下，将右手拿的玩具传到左手，再伸右手去取第三个玩具。

2. 玩具对敲

准备 2 个适合孩子抓握的玩具，将其分别放在孩子的 2 只手里，抓住孩子的小手对敲几下玩具，孩子也会跟着模仿。也可以让孩子拿一个玩具对周围的某个物体进行敲打，发出声响。这种敲打方式比对敲要容易些，孩子也会高兴得一直敲。不同材质的物品敲击发出的声音是不同的，用劲大小、敲击速度都会改变声音。大人可以变换花样给宝宝做示范，这也是一种早期的音乐启蒙。

3. 手拍认识之物

在墙上挂一排彩图（一图一物），抱着孩子站在图前。当大人说到孩子曾经认识的图中之物时，孩子会伸手准确地拍在图上。此时孩子一般只能拍中他最喜欢的一幅，不可能要求他一下子就记住许多幅。一般情况下，孩子喜欢认花、猫、灯和汽车，如果能伸手拍中一到两种就算很不错了。

4. 虫虫飞

妈妈将孩子面朝外放在自己的怀中，爸爸盘着腿，坐在妈妈和孩子的对面，距离最好在 30 厘米~40 厘米。爸爸先微笑着对孩子说：“宝宝，今天爸爸妈妈和你一起来帮虫虫飞！”接着，爸爸把自己的手攥起来，只让两个食指尖对拢，然后分开。对拢的时候说“虫虫——虫虫”，分开的时候说“飞”。如此反复几次，看看孩子有何反应。接着，爸爸对孩子说：“好，现在宝宝和爸爸一起做虫虫飞。”妈妈可以用拇指和食指抓住孩子的食指，协助孩子完成并拢和分开的动作。

5. 练习撕纸

给孩子一张纸，他能用双手抓住纸的两边，把纸撕开。妈妈可以给孩子一些白纸，注意纸不能太软，否则不好撕。妈妈先在上面撕一些小口子，让孩子练习撕。撕纸带来的响声以及纸的大小变化等都能极大地激发孩子的兴趣，所以他会乐此不疲地玩个不停。

视听统合训练

首先，录制各种声音让孩子倾听，如汽车喇叭声、自行车铃声、敲门声、流水声、钟表嘀嗒声、各种动物叫声，等等。播放声音时还可以抱着孩子去观看，或者用相应的图画让孩子辨认是哪种物品或动物发出的声音。

其次，找一些摔不碎的东西，如球、塑料盒、书本、笔、罐头、木盒、纸盒等。把它们一一扔在地上，让孩子听各种物体落地的声音，孩子可以从中感知不同质地与不同声音间的关系。

最后，还可以找一些空瓶子，在瓶子里装上不同的东西，如灌上一些水、放些不同的豆类或谷物等，轻轻摇动瓶子，让孩子听瓶子发出的不同声音。

语言与社会性训练

1. 引导孩子发音

孩子在睡醒后 1 小时内心情最好，会舞动上肢并发出愉快的声音时，妈妈可以在此时重复孩子发出的声音，反复跟孩子说“妈妈抱宝宝”，同时把孩子抱起来抚摸亲吻，使他更为高兴满足。然后抓住这个机会，引导孩子发音，如“妈妈”等，这种发音训练能为孩子下一步模仿成人语言打下很好的基础。

2. 让孩子学会理解

让孩子懂得分辨大人的表情，如赞许或批评。当孩子做对了，妈妈要微笑或抱起来亲吻表示赞扬；当孩子做错了，妈妈要马上收起笑容，表情严肃表示不赞成或者假装生气，这时孩子就会停止动作并注视大人，甚至会因害怕而哭起来。作为妈妈，要态度明确、对错分明，用不同的表情让孩子认识到怎样做会使妈妈高兴，怎样做会使妈妈生气。这样经过多次训练，孩子就能学会通过观察大人的表情来理解大人的意思。

6 月龄：培养语言表达能力

身体协调性训练

1. 学习翻滚

让孩子坐在凉席或地毯上玩，然后将惯性小车从孩子的左侧开到右侧。孩子很想向右转身去够，但够不着，于是会使劲儿翻成俯卧转向右侧，再将小车拿到手中。在孩子练习俯卧撑胸时要用不倒翁、八音盒等固定的玩具，在孩子学习翻滚时要用小车、皮球等滚动的玩具，这样可以促使孩子翻滚及连续翻滚。

2. 练习扶物坐起

扶孩子坐在床上或铺着席子的地上，在旁边放几个小玩具，孩子能用双手去摆弄玩具且不用手支撑身体。这时，妈妈在孩子身后同孩子说话，吸引孩子转动头和身体去看妈妈。爸爸则在另一侧用玩具引逗，再让孩子将头和身体转向另一侧。如果孩子的头和身体向两侧转动之后仍能坐稳且不用扶，这才算真正的坐稳。如果孩子因协调不好而身体前倾，大人一定要及时将他扶正，以免摔伤。经过反复训练后，孩子独坐的时间会越来越长。从开始的 1 分钟、3 分钟，最后达到 10 分钟。这时，大人就可以将孩子从沙发上抱到地板上，让他在没有扶手和靠背的地板上自由玩耍，来进一步练习独坐的能力。

3. 开始学爬

将孩子放到床上，妈妈在孩子的前面，爸爸在孩子的后面，当妈妈牵他的右手时，爸爸同时将孩子的左腿向前推。如此反复训练 5~10 分钟。

妈妈平躺在床上，让孩子趴在右侧，爸爸则坐在左侧。爸爸牵孩子的左手，妈妈推孩子的右腿，然后爸爸牵孩子的右手，妈妈推孩子的左腿，如此重复帮助孩子向前爬行。注意，在推的同时不能径直将孩子的腿向前推，而是要帮助其屈膝。

让孩子俯卧，大人拿一个发声玩具，如小鸭子来吸引他的注意。如果孩子表现出想要的欲望，大人就将玩具向前移动，嘴里说："快点儿来拿，小鸭子要跑了！"此时孩子就会手脚并用，做出爬行的动作。一般情况下，刚开始爬行的孩子并不能立刻就移动，常常手往前一伸就趴下了，还有的孩子会在原地打转或向后退。这些都是孩子学习爬行时很正常的表现，大人不必着急，可以有意识地教孩子学习向前爬。

4. 站立训练

扶着孩子腋下练习站立，但每次时间不宜太长。当孩子 7 个月时，其骨骼的发育已经为站立做好了准备。现在也可以进行训练。刚开始训练时，大人要在一旁给予帮助，时刻扶着孩子的腋下以免摔倒，每次站立时间在 1~3 分钟即可。同时，大人还要给予孩子表扬和鼓励。如果孩子感觉累了，还可以趁机做一下爬行训练。

手眼协调性训练

1. 训练手的握力和灵活性

在孩子面前放一个能够拖拉的玩具，并对孩子说："这个玩具真好玩，你把玩具拉过来。"一开始，大人可以帮助孩子进行拖拉，然后鼓励孩子用拇指和其他手指去操作，以此来锻炼孩子手指的捏取能力。

2. 拉大锯，扯大锯

让孩子坐在妈妈的膝盖上，脸冲着妈妈。妈妈拉住孩子的小手，边念边做动作："拉大锯，扯大锯，姥姥家，唱大戏，妈妈去，爸爸去，小孩子，也要去！"念到最后一个字时让孩子的身体向后仰。这样在后面的训练中，凡是念到最后一句时孩子就会自己按节奏将身体向后仰。这个训练可以锻炼孩子的手和小臂肌肉的力量。

视听统合训练

首先，父母做示范，拍手给孩子看，然后让孩子模仿父母的动作。也可以一直连续拍手后忽然停止，观察孩子的反应。

其次，孩子坐在妈妈的怀中，妈妈将孩子的小手放到自己的嘴上，并用孩子的掌心轻轻拍妈妈的嘴巴，同时发出"哇哇哇"的声音。妈妈再将孩子的小手放到他自己的嘴上，轻轻地拍嘴巴，并发出"哇哇哇"的声音。这样反复训练后，孩子就能随着拍嘴巴的动作自己发出"哇哇哇"的声音。

最后，抱着孩子在屋子里或者外边散步，时刻注意孩子的眼睛，当他看到什么或者指着什么的时候，大人要立刻说出物品的名称，以便孩子能够将物品与听到的物品名称联系在一起，这对提高孩子的观察力、记忆力、理解力和思维力有很好的帮助。

语言与社会性训练

在正常情况下，孩子出生后的第 6 个月是语言开始萌发的时期，所以这一时期是训练孩子语言模仿能力、发音准确性的关键阶段。这个月，孩子已经能够发出许多音节了。当大人与孩子讲话时，注意要让孩子看见自己的口型，用纯正的口音教他发音。

当孩子发现通过舌头的动作可以发出各种不同的声音时，他会持续不断地发出“咿咿呀呀”的声音，还会通过改变嘴形发出不同的声音。有时，孩子甚至还会故意发出一些响亮的声音，试一试他的声音能够传多远，并且会以不同的声音来表达不同的要求，如饥饿、疼痛、不满等。

孩子在这个时期对父母或者其他照顾者的依恋会更明显。当依恋对象离开时会哭闹，而且已经能够理解成人对他的态度。如果父母批评他，他会不高兴或是放声大哭；如果对他报以快乐的表情，他就会表现得很活跃，很高兴。

另外，孩子还会模仿他人的动作，如拍手、再见、伸手要抱等。孩子对周围环境越来越感兴趣，会发现越来越多有趣的事物，并且将注意力集中到这些有趣的事物上。在没人陪伴的情况下，自己可以独自玩 10 分钟左右。

7 月龄：发展爬行能力

身体协调性训练

1. 练习连续翻滚

让孩子在铺了席子或地毯的地上玩，大人把惯性车从孩子身边推出一小段距离，让孩子去够取。孩子会将身体翻过去，但是仍够不着。这时大人说“翻一个”，指着小车让孩子再翻 360° 去够小车。这样训练过几次后，孩子就会比较熟练地连续翻几个滚伸手把球拿到。

2. 从匍行到爬行

7 个月时是孩子爬行能力发展的关键期，这时孩子开始出现爬行的动作，但依靠自己的力量进行爬行还比较吃力。所以这个月开始要重点训练孩子的爬行能力，从贴着地面爬行到手膝并用爬行，从不协调到灵活自如，从被眼前的玩具吸引到自己主动爬行，从平地直着爬行到跨越障碍变换方位爬行。

在孩子俯卧时，他能手膝协同、腹部挨床，用手和脚带动身体匍匐向前移动。有的孩子还能用胳膊和膝盖把身体支撑起来，摇来晃去地在原地打转。父母可以用玩具吸引孩子，观察他的反应，看他是否能将身体抬高、腹部离开床面移动双腿和双脚。一般情况下孩子可以向前爬行至少 3 步以上，有些孩子可能要到 11 个月时才能掌握该技能，但只要在这个时间范围内都属于正常。父母大可不必因为孩子开始爬得不好而焦虑，只要给孩子提供足够的爬行场地和机会就可以了。

在孩子练习连续翻滚的过程中，当他伸手快要够到玩具时就不会再翻滚了，而是把身体向前拱一下来拿玩具。这种往前拱的动作就是匍行。匍行时孩子的腹部贴着地面，四肢往前把身体推向前方。刚开始孩子只会用手撑，腿使不上劲儿。这时大人要按住孩子的双脚，使孩子的脚也撑在地上，这样孩子再向前使劲儿，身体就会移动了。匍行时大人可以用毛巾将孩子腹部兜住，将孩子腹部提起，这样体重会落在孩子的手和膝上，孩子就能较轻快地爬行了。这样多训练几次后，孩子就会自己将腹部抬起，手膝并用形成爬行的动作。

当孩子能够自如地爬行后，大人就可以利用各种小道具来进一步提高他的爬行能力。

利用鲜艳的玩具吸引孩子向前爬，同时嘴里要说出鼓励的话：“就差一点啦，宝宝真棒！”在孩子将要抓到玩具的时候，大人再将玩具向左或者向右转移，使孩子能够跟着玩具变换方向爬行。

将席子卷成圆筒，然后将孩子面朝下放到席子筒上。接着妈妈和爸爸分别在席子筒口的两端慢慢将席子向前推动，使孩子随着席子的展开而向前爬。

手眼协调性训练

1. 扔纸团

准备一个纸篓和若干个用废纸揉成的纸团。大人先做示范，将纸团准确投入纸篓中。然后让孩子用左右手交替抓起纸团向纸篓投。如此反复训练，不仅能锻炼孩子手眼协调和左右脑协调，还可以将其乱扔东西的习惯变为有目的的投掷。

2. 投物入瓶

将小糖豆、玉米粒、黄豆粒等放在地上，准备一个瓶口直径大于 2 厘米的瓶子，让孩子用手指捏起玉米粒等物品，然后准确地放入瓶子中。刚开始训练时，孩子放得不一定特别准确，大人要耐心地进行指导。

3. 拉线取环

准备几根不同颜色的线和拉环，并用某一颜色的线绑在相同颜色的拉环上，然后将拉环放在远处，大人手里握住线并向后拽。例如拉到红线后，红色的拉环就会被拉到大人与孩子面前。接着，大人要向孩子下达具体的指令：“想要绿色的拉环。”孩子在看了大人的示范后，就会先动动绿线，当发现远处的绿环动了之后，就会拉动绿线。如果大人接着说要紫色拉环或黄色拉环，孩子就会毫不犹豫地拉动相应颜色的彩线。

视听统合训练

1. 魔术盒

大人准备一个带盖的纸箱，纸箱的一面是空的，用布帘遮挡。大人坐在布帘的一面，盖上纸箱盖，先将一个玩具通过布帘放到箱子中，然后引导孩子打开。当孩子看到箱子中的玩具后，大人再将纸箱盖盖上，从布帘中将箱内的玩具换一个，然后再让宝宝将箱子打开。这样孩子每次打开盒子后就会看到不同的玩具，这种神秘感会令儿童非常兴奋，有助于其注意力的稳定。

2. 小白兔在哪里

在一张白纸上贴几个动物的画片，画片的摆放要有一定的规律和顺序。然后大人反复告诉孩子画片上动物的名字，再用白纸将每个动物都蒙上，问孩子："小白兔在哪里？"在这样的指导下，孩子最终可以将所有动物的位置都记清楚。接着，大人将动物画片无规律地随意贴在纸上，让孩子看图找出相应的动物。这样反复训练几次后，大人再将画片蒙上，问孩子："小公鸡在哪里？"直到孩子能够将动物认准为止。

3. 盒子里有什么

将纱巾和手绢系在一起，再系上几个小铃铛，放到一个空的纸巾盒中，盒口留出一小截手绢。大人先做示范，将手绢和纱巾慢慢地拉出盒子，然后再将其塞回盒子中，让孩子自已向外拉。这样反复几次后，大人再另外取几样物品，和纱巾、手绢、小铃铛一起摆放在孩子面前，然后问孩子盒子里面都有什么，并让他从面前的物品中选择。

语言与社会性训练

模仿是提高孩子语言能力的有效方法，对于学习固定动作也很有好处。一般情况下，孩子动作越丰富，将来的语言表达能力就越强。所以，大人每为孩子做一件事情，就要把这件事情用语言表述出来。例如，帮孩子洗脚时可以说："妈妈帮助宝宝洗脚了""水温正好，很舒服""先洗左脚、后洗右脚""宝宝在洗脚时表现得很好"……这可以让孩子明白大人在干什么，有助于增进亲子感情，为孩子语言的模仿打下基础。同时，能够明白大人的表情、情绪、想法，对孩子来说是非常重要的进步，这将会推动其社会能力的发展，帮助孩子对环境进行探索。

8 月龄：拇指、食指对捏等细微动作的发展

身体协调性训练

1. 继续进行爬行训练

①定向爬：将皮球放到与孩子适当距离的位置，然后吸引孩子向前爬。爬到目的地后，孩子就会用手抓球或者推球。当皮球滚到远处时，大人要鼓励孩子将球找回来。

②自由爬：在家里找一个比较宽敞的场地，将所有危险物品都拿开，让孩子自由地四处爬行，同时大人要问他："宝宝想去哪儿呢？"如果孩子做出回应并且爬到目的地，大人可以接着问："宝宝还想去哪儿？"用这样不断提问的方法能够充分激发孩子爬行的热情。

③转向爬：找一个孩子感兴趣的物品让他玩一会儿，然后当着他的面

将该物品拿走，从而吸引孩子向前爬。当孩子快爬到大人跟前时，大人要换个方向，让孩子继续改变方向爬行。

④爬行小路：将不同质地的物品散放在地板上，如绸缎小垫子、塑料泡沫垫子、凉席等，给孩子制造一个有障碍的“爬行小路”，然后让孩子沿弯曲的“小路”向前爬行。这个训练不仅能训练孩子的爬行能力，而且在孩子手掌和膝盖感受不同质地物品时，也会对触觉发展产生良好的促进作用。

2. 练习拉物站起、坐下

将孩子放入有扶栏的床内，让孩子用自己的力量扶着栏杆坐起，然后再拉着栏杆站起。等孩子熟练后，再让其反复站起和坐下，以此来增加孩子腰、腿部肌肉的力量。

手眼协调性训练

1. 学习伸直食指

大人可先伸出左手食指，把彩环一个个套在上面，然后对孩子说：“宝宝，把食指伸出来。”孩子可能不知道哪个手指是食指，但会模仿大人的样子把第二个手指伸直。大人帮他套上彩环后，再让他自己练习把彩环套在食指上。

2. 训练拇指和食指的对捏能力

孩子 8 个月时是发展拇指、食指对捏动作的关键时期，如果在这一时期积极对孩子进行训练，会很好地促进孩子的智力发展。拇指、食指对捏的动作难度较大，需要经常反复地训练才能掌握。

大人可以把曲别针放在桌上，观察孩子能否拿起来。然后再将曲别针换成细绳子结成的小环，观察孩子能否很快拿起来。也可以将白色纸巾铺在床上，在上面放几粒蒸熟的葡萄干，大人先捡一粒放在嘴里咀嚼，并表现出很好吃的样子，孩子看到后就会去捡。如果只用手掌抓是抓不到葡萄干的，所以孩子会慢慢学大人那样用食指和拇指去捏取。

3. 学习有准备地松手

在小筐里放上几块积木，大人和孩子一起坐在地上玩，大人先从筐内取出积木，说“拿出来”，孩子会跟着将积木一个个拿出来扔到地上。然后大人再将积木捡起，并慢慢把手松开让积木掉入筐内，同时对孩子说“放进去”，孩子也会将积木捡起，但不会把积木放入筐内，只是随意地把积木乱扔。这时大人要慢慢告诉他把积木放到筐内，指导他在筐上面再松开手。

4. 滚动可乐瓶

将一个大可乐瓶放在地上，然后让孩子用两只手推动可乐瓶向前滚动。等孩子熟练后，再让他用一只手推动可乐瓶，并把它滚到指定地点。在滚动的过程中，大人可以在旁边制造一点小小的障碍，如拿着孩子喜欢吃的东西或者玩具吸引他，看他能否排除干扰到达终点，这对孩子注意力的发展很有好处。

5. 学习用杯子喝水

在杯子里盛一些孩子喜欢的奶、饮料，来吸引孩子使用杯子。有时候孩子会因为好奇把杯子里的东西倒出来。所以，每次盛入杯中的液体不要超过杯子的1/3，而且要准备好抹布以便随时清理。另外，孩子很喜欢模仿，所以大人可以拿一个杯子，动作夸张地举起杯子，喝一口里面的水，然后说：“好喝、好喝！”接着把杯子放在桌子上。这样反复几次后，孩子就会不断学着大人的样子喝水，并且很快掌握这一技能。

视听统合训练

妈妈对孩子说“顶顶牛”，然后用额头轻轻顶孩子的额头，扭动孩子的脑袋，这样重复几次后孩子也会用头顶回来。刚开始训练时要注意妈妈和孩子的距离不要太远，保证孩子稍微往前伸头就可以顶到。当孩子顶到妈妈的头之后，妈妈可以亲吻一下表示鼓励。等孩子熟练后，妈妈可以稍微拉开一些距离，增加训练的难度。

语言与社会性训练

1. 让听到的词和事物联系起来

大约从8个月开始，孩子就能把经常听到的词和见到的事物联系起来。他知道，当妈妈说“猫”的时候指的是经常在楼下见到的那只毛茸茸的动物。即使猫不在眼前的时候，听到“猫”这个词，他的脑海里也会浮现出猫的形象来。虽然孩子还不一定能说出这些词来，但父母要经常跟孩子说话，把自己正在做的事情跟孩子说一说，把自己周围的物品名称常给孩子念一念，这样对孩子的语言发展会有很好的促进作用。

2. 练习称呼父母

孩子在六七个月时就已经能随意地发出简单的音节，但并未能明确地称呼父母，但在第8个月时，孩子就有可能学会称呼父母。所以，父母要经常用夸张的口型说“爸——爸”或“妈——妈”，让孩子模仿。当爸爸下班回家时，见到孩子时就要说“叫爸爸”，那么孩子会注意跟着学说“爸”，这时爸爸要马上将孩子举起来表示肯定；类似地，当妈妈准备喂奶时要让孩子叫“妈妈”。这样下去，只要孩子成功地叫出一两次，慢慢地再见到父母时就会主动称呼了。

9 月龄：咿呀学语的萌芽期

身体协调性训练

1. 练习单手扶物站立

大人把玩具推到孩子身边，让其一只手扶着凳子，另一只手将玩具捡起。在捡玩具时孩子能学会一只手扶凳子，接着再保持平衡站起来。

2. 扶物横跨迈步

将孩子睡的小床床板降低，让他可以扶着围栏站起，然后双手扶着床栏横跨迈步。如果家中没有这种可以降下来的小床，也可以让孩子双手扶着椅子或床沿横跨迈步，或者把凳子排成行，每张凳子相距 30 厘米左右，孩子会扶着一个个凳子走过去。

手眼协调性训练

1. 训练食指的灵活性

鼓励孩子用食指伸入洞内够取小物品，并用食指拨动玩具，如拨玩具电话的转盘、按老式手机的按键、玩拨珠玩具、用食指伸入小药瓶去拨弄药片等。这些训练都能达到增强食指灵活性的目的。

2. 学习打开瓶盖

将一个带盖的塑料瓶放在孩子面前，妈妈先示范打开瓶盖，然后再盖上瓶盖，接着让孩子只用拇指和食指把瓶盖打开再合上。训练时注意不要把瓶盖拧紧，稍微拧一下就可以了，否则孩子可能无法打开。同时，也不必要求孩子一定要把瓶盖拧上，只要孩子能把瓶盖放在瓶子上面即可。

3. 练习放入和取出

为孩子准备一个单手能够伸进去的玻璃容器，再另外准备其他几个小容器。首先，让孩子将容器外的黄豆、玉米粒、小弹珠等用拇指、食指和无名指一颗颗抓起后放到容器中，接着再让他从容器中拣出来，同时将不同的物品分别放到不同的小容器中。孩子在做这些动作时，大人要配合着说“放进去”“拿出来”。

4. 学习拉开抽屉

大人在孩子面前反复演示打开抽屉或箱子的动作。隔一段时间后，再将孩子喜欢的玩具放到一个抽屉或者有盖的箱子里，然后问孩子：“宝宝，我们一起玩玩具好不好？”在得到孩子的回应后，大人再说：“可是玩具在抽屉里，宝宝可以把它们拿出来吗？”如果孩子的观察力和记忆力较好，就能模仿大人的动作将抽屉或者箱子打开。对于力气较小的孩子，大人可以给予适当的帮助，使孩子能够完成训练。

5. 继续练习捧杯喝水

在有两个手柄的杯中倒少量温开水，让孩子双手扶手柄捧杯喝水。刚开始训练时大人可以帮其托住杯底，等孩子拿稳后就可以放手在旁边等候，当孩子喝完后再加水。每次只加少量水即可，防止加水太多洒出来。等孩子能熟练地用杯子喝水之后，可以接着练习用杯子喝奶，为摆脱奶瓶做准备。

视听统合训练

1. 提高辨色能力

让孩子注意观察不同颜色间的差别，也可以让孩子感受深浅不同的同一色系，如深蓝、浅蓝等，以此来发展孩子的辨色能力。

2. 激发好奇心

准备空的奶粉罐，把金属玩具、塑料玩具、毛绒玩具和积木等不同材质的玩具扔入桶内。金属、塑料和木制的玩具扔进去后都会发出响声，这时大人要说："咚，扔进去一个！"同时也让孩子一起扔。但是，扔毛绒玩具就不会发出声音，所以这时大人要故意问："扔进去了没有？"孩子会往罐内看，看到里面有玩具却没有听到声音，心里会很奇怪。这时大人要把玩具拿出来再让孩子使劲扔，再问："有没有声音？"孩子会由于好奇心而把玩具一样样重新再扔，慢慢地就会明白什么东西能发出响声、什么东西不会发出响声。

3. 听声追球爬

把孩子放在地上，让他保持爬行的姿势，然后在孩子前方手能够到的地方放一个会发声的小球。孩子一碰到球时，球就会一边发出声音一边向前滚动，这样孩子就会追着球往前爬。如果球滚得比较远，孩子无法找到，大人不要直接告诉他球在什么地方，而是让小球发出声音来吸引孩子

的注意，从而让他继续朝目标爬行。

语言与社会性训练

大约从孩子出生后第 9 个月起，其理解能力会出现突飞猛进的发展，大人对他说的话基本上都能听懂。但由于语言表达能力的限制，孩子还不会说太多话，只能常常发出一连串毫无意义的音节，然后这些音节逐渐变成独立而有意义的词。有的孩子甚至已经会有意识地称呼爸爸或妈妈，这会让家长十分高兴。但如果孩子还没学会也不必着急，只要在出生后 14 个月内学会都算正常。

经常让孩子练习发辅音能帮助提高语言能力。有的孩子特别喜欢模仿大人的咳嗽声和打喷嚏声，还对家里的手机和电话很感兴趣。所以大人可以给他一根长积木来模仿打电话，孩子会非常喜欢这样与大人一呼一应、有对有答。在这种训练中孩子可以学到一些发音，为说话做准备，同时也能得到有呼有应的快乐。

10 月龄：学会叫妈妈

身体协调性训练

1. 练习自己站稳

当孩子单手扶物走路时，大人拿一些较大的玩具递给他，如大皮球等，这样孩子就必须暂时放掉扶物的手来拿玩具。有些孩子会把身体靠在家具上，这时大人可以变换位置，使孩子身体离开家具，在无依靠的地方将玩具接住。

当孩子具有独站的能力后，就要接着培养其扶走的能力。例如，将孩子放到沙发的一端，大人站在沙发的另一端，同时手里拿一个会发声的玩具，不停地对孩子说："宝宝到这里来，宝宝真勇敢！"让孩子扶着沙发慢慢向前走，一直走到大人面前。

与孩子面对面站着，将孩子抱起并将他的双脚放在自己的脚背上。然后大人握着孩子的双手，向前或向后行走，同时嘴里发出"左右、左右"的声音，让孩子感受独自行走带来的乐趣。

为孩子准备小推车或者可以拉动且能使其保持平衡的玩具，让孩子借助这些外力掌握身体平衡。

2. 牵手练走步

牵手走步有两种训练方法：一种是大人与孩子方向一致，孩子站在大人前面，两人同时迈右腿再迈左腿；另一种方法是两人相对，大人牵着孩子双手，孩子向前，大人向后。孩子喜欢面对大人，两人相对的走步会让孩子学得更加放心。训练中最好一边走一边数"一二三四"，如同跳舞那样练习，这样孩子既练了走步，又学习了数数。父母可以在每天晚饭后牵着孩子练习几步，时间不必很长，三五分钟即可，每天练一到两次。

3. 卷"蛋卷儿"

准备一块大的毛巾被，让孩子躺在边上，双手伸直紧贴在身上，脚也要伸直。然后让孩子在毛巾被里面翻滚，父母像卷"蛋卷儿"一样把毛巾被裹在孩子身上。注意孩子的头部要露在外面，然后父母轻轻地挤压孩子的双臂、背部、臀部、腿部并推动其不断地翻滚。也可以不用毛巾被，让孩子自由地在床上或地板上翻滚，大人要注意孩子手部、脸部的安全。另外，在孩子滚动的过程中还可以蒙上他的眼睛，以便达到视觉训练的效果。

手眼协调训练

1. 提高对捏的准确性和速度

选择不易打碎的存钱盒，先将硬币泡在泡菜水（或米醋）中消毒半小时，等残渍去净后再用洗涤灵清洗、擦干就可以使用了。让孩子手持硬币，对准存钱盒进钱的缝口，将硬币塞入存钱盒内。存钱盒的缝口并不宽大，孩子要将硬币对正才能放入。这个游戏不仅可以练习手眼协调能力、精细动作能力，还可以延长孩子独自玩耍的时间。

2. 学撕包装纸

将孩子最喜欢的小玩具当着他的面用一层又一层的纸包好，然后藏到某个地方，问孩子："玩具哪里去了？"让孩子自己去找。当孩子找到后，要鼓励他将纸包一层层打开，同时大人要一遍又一遍地问他："纸里有什么东西？"让孩子在拆纸包的过程中回忆里面是什么东西，从而使手指与大脑同时得到锻炼。

给孩子准备几块饼干，大人先拿起一块说："这是一块饼干。"然后将饼干掰成两半，对孩子说："这是两块。"并以此类推接着掰下去。接着大人将另一块完整的饼干给孩子，鼓励他学着自己的样子将饼干掰开。这个训练可以锻炼孩子手指的力量。

3. 学翻书页

为孩子准备一个大开本且纸质较硬、页数较少的彩图书，将书放到他面前。大人可以指着图画给孩子做讲解，但是不要翻动书页。当讲完一页后，大人示意孩子将书页翻过去。在刚开始时孩子的手指比较笨拙，通常会一下子翻好几页，这时大人不要急着纠正，而要示意孩子将书页翻回去，并告诉他这一页的顺序不对。这种训练在提高孩子手指灵活性的同时，对其空间知觉的发展也非常有益。

4. 盖盖子

孩子很喜欢玩各种瓶子和盒子，有螺旋拧上的、拔开的或者边上有个小键按开的。在大人的要求下，孩子会试着按大小和样式将盖子拧上。这是孩子最喜欢玩且不必花钱买的玩具。有时两个瓶子瓶身差不多大小，但瓶口大小不同，瓶盖的大小也不同，所以孩子会不断地尝试，从而很好地训练其手眼协调的能力。

语言与社会性训练

10 个月大的孩子基本上能模仿大人发出的声音，也会发出越来越多的双音节，并开始说一两个词。但每个孩子都有自己的成长时间表，所以有些孩子也可能在数月后才开始说话，这都是正常的。

一般情况下，孩子此时能有意识地叫“妈妈”，并会用固定的单音节称呼一些东西，如“汪”是狗、“咩”是羊等。听到“爸爸在哪里”“妈妈在哪里”时，能准确地转头去找，还可以理解并执行一些简单的指令，如“把勺子给妈妈”，就会伸手把勺子给妈妈，但不会松手。当大人说“不行”时，孩子会把正在进行的活动停下来，这说明他已经懂得“不”的含义了。但有时孩子可能会用不当的行为招惹妈妈或爸爸说出“不”字，甚至会以此为乐。所以从现在开始，父母要为孩子设置一些简单易懂的行为规则来约束他。

11 月龄：发展行走能力的黄金阶段

身体协调性训练

第 11 个月是发展行走能力的关键期，也是孩子身体平衡能力、身体与四肢协调能力发展的重要时期。这时孩子喜欢扶着家具，一边移动手一边抬脚横着走，从一处走到另一处，对房间进行探索。如果父母扶着孩子的双手，并给予一定的鼓励，孩子会努力做出交替迈腿向前走的动作。

1. 练习自己走

大人从后面扶着孩子，开始时用一条布带系在孩子腰间，然后牵着布带让孩子学走。接着慢慢松开布带，用一只手牵着孩子走。等孩子熟练后就可以松开手让孩子自己走。孩子很喜欢在父母之间来回走，有了父母的支持和鼓励，孩子才会学得快。

2. 用动作表演儿歌

大人一边唱儿歌一边和孩子一起做动作表演，以此来训练孩子的节奏感和动作的协调性。

手眼协调性训练

1. 学搭积木

为孩子提供一些用于叠放的积木，让孩子把积木反复叠高、碰落，然后再重新叠高。或者准备一些嵌套的套盒，让孩子把套盒一个一个套上然

后再取。

2. 舀豆豆

准备一个托盘、两个同样款式的碗、一把汤匙、一些绿豆，然后把绿豆放到一只碗里面，让孩子伸出大拇指、食指、中指握住汤匙，从碗中舀一勺绿豆到另一只空碗里。当碗中只剩下很少的绿豆而舀不起来时，就要让孩子把碗拿起来，举到另一只碗上面，把剩下的绿豆倒入碗中。接着，再从碗里舀一些豆豆到托盘中，让孩子双手或单手拿着托盘走动，要求豆豆不从托盘中滚落下来。如果孩子把绿豆撒到了地上，要让他把豆豆一颗颗捡起来，重新放到托盘上，最后再倒回碗里。训练前大人要告诉孩子豆豆不能吃，防止他塞进嘴里。如果孩子玩累了，觉得乏味，大人可以让其用汤匙敲击托盘或碗，用声音来激发他的兴趣。

3. 拉过来了

准备玩具小车一辆，长短、粗细适中的绳子一根。将玩具放在离孩子较远的地方，用绳子将玩具系上，绳子的另一头放在孩子的手边，让孩子想办法用绳子把玩具拉过来。可以在玩具和孩子之间放一个障碍物如被子、枕头等，让孩子看到但不能轻易取到玩具，然后鼓励他想办法获取玩具。

视听统合训练

1. 学认红色

拿起一个红色的小盒，对孩子说“红色”，孩子就会很快记住。但如果再拿另外一件红色的玩具对孩子说“红色”，孩子就不会认同。因为在孩子的心目中是一词对应一物，他不理解一词二物。所以大人要把一堆全是红色的东西放在一起，再把其余不是红色的杂物放在一起，告诉孩子：“这边都是红色，那边都不是红色。”这样孩子就会区别“红的”和“不是红的”是什么意思，并慢慢发现“红的”一边是单一颜色，“不是红的”一边是不一样的颜色。这个发现可以使他慢慢接受共性概念。

2. 学认圆形

在硬纸板上画出圆形、方形和三角形，再把中间的形状剪去，留出平整的洞穴。接着再用另一张硬纸板，剪出与洞穴相配的圆形、方形和三角形。让孩子用食指将洞穴中的片块捅出来，试着将圆的形块放入圆洞穴中。这个训练可以让孩子认识圆形等形状，当大人说“将圆块给我”时，孩子会从纸板的洞穴中把圆块取出交给大人。

语言与社会性训练

1. 模仿动物叫

准备带有动物的图片、图书或动物玩具，让孩子先认识猫，“小猫怎样叫，喵喵喵”；再认识小狗，“小狗怎样叫，汪汪汪”。等过几天再让孩子学习其他动物的叫声，如认识小鸡，“小鸡怎样叫，叽叽叽”；再认识小鸭，“小鸭怎样叫，嘎嘎嘎”。这样的训练能让孩子逐渐记住每种动物的叫声。另外，大人也可以学动物叫，然后让孩子找出与叫声对应的动物图卡，这样既锻炼了孩子的记忆能力，也练习了语言能力。

2. 学习与人交往

11 个月左右的孩子会用招手、微笑、点头等姿势同人打招呼，还喜欢模仿别人的活动和说话，这是良好交往能力的开端。大人用积极的语言和姿势应答孩子，孩子就会学得更积极，动作也会做得越来越好。这种语言之外的交流十分重要，有助于培养孩子开朗、外向的性格。

第十章 家庭中的感觉统合游戏

感觉统合游戏是加强儿童感觉统合能力的一个重要手段。这些游戏的可操作性强，一般不需要借助专业的器材和设备，在家里就可以进行。而且这些游戏通常需要家长与孩子共同参与，因此更能提高孩子的积极性，发挥更好的训练效果。同时，也可以让亲子间的关系更加亲切和睦，促进良性沟通。

触觉小游戏：摸一摸，体验各种触感

1. 冷热水刺激

在安全范围内，让孩子感受不同水温带来的刺激。如孩子较排斥，也可以主要由手部来感受。游戏前家长要先做示范，并观察孩子的表现。

2. 梳头

用梳子的尖端刺激孩子的头皮，并顺势梳头，也可以让孩子自己来。此游戏对手指的精细动作和了解自身形象都有帮助。

3. 麻布刷身

用麻布以中等力度刷孩子的手臂、前胸、后背、足部，同时可以讲故事或唱歌，保持轻松的氛围，以免孩子紧张。也可以用毛巾、海绵、软刷子等代替麻布。

4. 抓痒

让孩子躺在床或沙发上，抓挠他的腋下、胸口，依孩子的反应来控制用力的大小和刺激的强度。如果孩子连一些常需接触的部位也表现出强烈的反应，那就需要加强此游戏的训练。

5. 毛巾卷

找一条略微粗糙的大毛巾，将孩子整个卷起来，再轻轻滚动或下压，也可以用双手抱紧孩子身体的各部位，强化其触觉感受。

6. 玩沙土

将淘洗干净的细沙放在大盆里，让孩子在里面玩耍，尤其要适当增加沙土与孩子身体的接触面积。沙土可用纸、树叶、米、豆等代替。此游戏更适合在沙滩上进行，鼓励孩子在沙土中建立自己理想中的世界。

7. 地毯翻滚

让孩子在地毯上双手抱头，向左右两个方向滚动。此游戏对运动企划、触觉刺激、自我形象的认识都有益。另外，还可以练习前滚翻和后滚翻，这对动作的平衡和协调都有好处。

8. 刺球

用突起的小刺球在孩子身上滚动或轻压，滚压四肢和前胸时可以由孩子自己来完成，后背则由家长辅助完成。

9. 吹风机

先让孩子穿较薄的衣服，然后再接受吹风机的吹拂。这里要注意的是，通常孩子的脸部和头颈部肌肉会有较强烈的反应，所以不要勉强吹脸和头颈。

10. 过手的丝巾

用手轻轻捏住孩子的一只手腕，然后用食指从孩子的拳头伸入手心里，再用大拇指抚摸孩子的手背，孩子就会稍稍放松握紧的小拳头。然后，家长另一只手将丝质的小方巾放在孩子的手心里，孩子的手又会有握紧反应，这时轻轻来回拉动小方巾，让小方巾不断摩擦孩子的手心。家长一边进行游戏，一边要轻柔地对孩子说："滑滑的，多柔软啊！"

11.跑气的气球

把一只气球充气，让孩子拍打着玩一会儿。然后家长捏着气球口，留一点点空隙，使气缓缓放出来。放气的时候将出气口向着孩子的手心、脚心、脖子、脸等身体部位移动，使气流冲击孩子身体的不同部位。

12.翻一翻

每天固定时间与孩子进行亲子阅读，并尽量把“翻书”的工作交给孩子来做，孩子刚开始时会几页几页地翻，家长可以先做示范一页一页地翻，这样孩子就能慢慢学会一页一页地翻书。在翻书的过程中，孩子手部的触觉能力就培养出来了。

13.拍一拍

让孩子先仰面躺在地毯上，四肢伸平，家长用球拍打孩子的身体，按照上身、胳膊、腿等部位的顺序依次拍打。然后让孩子翻身，趴在地毯上再按照上身、胳膊、腿等部位的顺序依次拍打。这样多重复几次，就可以促进孩子的触觉学习，改善触觉敏感的问题。

14.纸飞机

先给孩子示范如何折纸飞机，然后家长带孩子一起折，家长折一步，孩子就跟着折一步，最后完成折飞机的过程。家长也可以将折好的飞机再打开来，让孩子观察是如何折成的。可以多折几只直到孩子学会为止。

15.抚触操

①头面部抚触：抚触从头部开始，妈妈用两拇指从孩子额头部中央向两侧推，然后两拇指从下颌部中央向两侧滑动，让上下唇呈微笑状。然后，妈妈两手再从前额发际抚向脑后，最后两中指分别停在脑后。

②四肢和手足抚触：对孩子手和足部的抚触，有利于孩子精细动作的发展，而对四肢的抚触又有助于孩子血液循环，促进皮肤新陈代谢，增强

皮肤抗病能力。抚触的方法是用两拇指的指腹从孩子脚跟向脚趾方向推进，并逐个提拉脚趾关节。手的做法与足相同，妈妈用手抓住孩子胳膊，交替从上臂向手腕方向轻轻紧捏，然后从上到下搓滚。下肢的抚触方法和上肢相同。

③胸部抚触：让孩子裸露全身，这不仅是一种锻炼，还能增强孩子的耐寒能力。妈妈用双手从孩子的胸部外下方向对侧上方交叉推进，在胸部画个大的交叉。

④腹部抚触：腹部抚触能增强孩子胃肠功能，促进消化、吸收和排便。妈妈在孩子腹部用两手依次从左下腹向左上腹、右上腹、右下腹揉动，呈顺时针方向画半圆。

⑤背部抚触：将孩子翻过身来，以脊椎为中分线，用双手与孩子脊椎呈直角，向相反方向重复移动，由背部上方到臀部，再到肩膀，重复多次。

平衡感小游戏：全身都动起来

1. 充分爬行

孩子出生后 28 天内就具有爬行反射，家长要让孩子每天俯卧几秒钟，先锻炼颈部肌肉，使他慢慢能抬头，再用手抵住他的双脚，孩子就可以出现向前爬的趋势。等孩子真正学会爬后再让其充分爬行 3 个月以上，尽量不要使用学步车。可以专门准备一块地毯铺在地上，让孩子在上面爬，这样既保证了安全，又使孩子拥有足够大的活动区域。

2. 平衡游戏

婴儿时期家长要多摇抱孩子，也可以让孩子多坐摇篮，强化孩子对自身重力感刺激的输入。大一点的孩子要让他们玩荡秋千、走平衡木等游戏。

3. 飞机起飞

家长仰面平躺，向上伸出胳膊，双手顶住孩子的前肩，并弯曲双腿用脚托住孩子的腹部，孩子就会抬高颈部，双臂张开，双腿并拢伸平，做成飞机的模样。这时，家长可以进行前后左右的摇动。

4. 摇摆毛巾

用毛巾将孩子包在其中，由父母各拉一头，左右或上下摇动，也可在摆动时指示孩子向固定目标投球。

5. 抬抬头

将孩子竖直抱起来，靠在妈妈的肩头，让他头部慢慢离开，自然竖立几秒钟。这个游戏可以在每次喂完奶后进行。也可以让孩子与家长面对面，趴在家长的身上，然后把孩子的头扶正，由斜靠姿势慢慢躺平，孩子这时就会自然地努力抬头。

6. 宝宝飞

家长躺在床上或地板上，轻轻地将孩子举起、放下，也可以搂着他的胸部或腹部，让孩子向前“飞”，向后“飞”，或从一边“飞”向另一边。最后缓缓地放低孩子的头，然后放低脚，让他慢慢地朝各个方向移动，使孩子沉浸在一种舒适飞翔的感觉中。

7. 忽上忽下

将孩子以水平的方式抱起，并且慢慢地上下移动，让孩子感受上下不同的空间感，然后再改换一手托住孩子的臀部，另一只手托住头颈部，以坐姿的形式平顺地上下移动，有时托高一点，有时托低一点，然后回至水平仰躺状，再慢慢地让孩子脚上头下、头上脚下，使其感觉头脚位置的变化。

8. 模仿秀

让孩子趴在地毯上，同时学小动物爬行，并不时抬起头学小动物叫，然后家长也四肢着地趴下来，让孩子从家长身下来回钻、爬，或围绕家长转圈爬。

9. 蹦接球

让孩子站在充气垫子上，开始时脚不离地上下晃动，等站平稳后再进行蹦跳，注意不要跳太高。家长站在孩子正对面，把毛绒玩具或皮球投给他，孩子接到后再回传给家长，边跳边传，反复 20 次 ~30 次。

10. 趴地推球

让孩子趴在坐垫上，只有肚子着地，头、上肢、小腿及脚都抬起来，手心向外，两手五指相对，然后把球推向墙壁，等球弹回后再连续推 50 次 ~100 次，速度由慢到快，距离由近到远，并随孩子熟练程度来调整游戏难度。

本体觉小游戏：感觉与运动相结合

1. 球类游戏

让孩子左右手交替拍球。大一点的孩子可以让他们打乒乓球和羽毛球，由简单的分解动作开始。此游戏对孩子的注意力、手眼协调以及将来学习能力很有好处。

2. 学做家务

适当地让孩子参加家务劳动是培养其意志力、责任心、自信心以及养成良好生活习惯的有效途径。4 岁左右的孩子有积极参与家务的意愿，所以家长要抓住这个契机，不能因为觉得孩子小做得不够好，就剥夺了他们练习的机会。家长过度包办代替只会让孩子笨拙、懒惰、意志力差、缺乏自信以及没有责任心。家长要耐心地教会孩子从事各种家务，并在一定程度上让孩子长期承担某项简单易做的家务。

3. 梯子游戏

将梯子架在两个高 20 厘米 ~30 厘米的高台中间，让孩子在梯子上行走，以此训练本体感觉。

让孩子由梯子的间隔中踏行前进，以此训练孩子的运动企划能力。

让孩子沿脚踏梯子两边直杆前进。

改用一块宽度约 15 厘米的厚木版，架在平台上让孩子走直线。

4. 跳圈

将若干个圆圈在地上排两列，之间距离相隔 10 厘米左右，然后让孩子双脚跨在不同圆圈里往前跳，可以逐渐增加圆圈的个数和距离。

5. 坐一坐

让孩子靠着支撑物坐一会儿，然后逐渐撤掉支撑物，孩子的手掌就会自然地向前伸在地上以保持平衡，看上去就像只小青蛙一样蹲坐在那里。这时家长可以慢慢离得远一点，让孩子独自坐几分钟。

6. 坐球游戏

让孩子轻轻坐在球上，上半身保持垂直放松的姿势，闭上眼睛，慢慢调整呼吸，直到完全放松，每次进行 10~30 分钟。也可以在孩子坐到球上时，轻轻晃动手脚进行律动舞蹈。

7. 学螃蟹走

让孩子举起双手与耳朵齐高，双脚略微弯曲，往左和往右连续横行，模仿螃蟹走路的样子。或者把双手轻轻放下或者平举向前，侧着头，踏脚向前、向左、向右走。

8. 捉迷藏

家长可先给孩子做个示范。用毛巾把眼睛遮住，去捉周围的人。然后，把孩子眼睛用围巾遮住，家长在其周围拍手让孩子循着声音去捉家长。家长不要离孩子太远，但要做适当的躲避，尽量不要太快让孩子捉到。

9. 踢口袋

先用绳子的一端将布口袋拴上，然后让孩子拿着绳的另一端用脚的里侧去踢垂下的口袋。接着再换另一只脚去踢，再双脚交替着去踢，反复练习多次。

10. 被动操

准备活动：妈妈握住孩子的两只手腕，温柔地数 4 个节拍，从手腕向上按摩 4 次至肩部。然后从足踝向上按摩 4 次至大腿部。接着从胸部开始，由里向外、由上向下按摩至腹部，让孩子的身体放松，预防运动损伤。

预备姿势：孩子仰卧在地上，两臂放在身体两侧，妈妈将双手拇指放在孩子掌心，其他四指轻握孩子的双腕，开始以下运动。

上肢运动：将两臂左右分开侧平举，掌心向前；两臂前伸，掌心相对；两臂上举，掌心向前；还原预备姿势。

扩胸运动：将两臂左右分开；两臂胸前交叉；两臂左右分开；还原预备姿势。

下肢运动：妈妈两手轻握孩子的脚踝部，将双脚抬起与床面呈 45°，左腿屈至腹部，然后右腿也屈至腹部，最后再将双脚抬起与床面呈 45°；还原预备姿势。

举腿运动：妈妈两手轻握孩子的脚踝部，左腿和右腿分别上举与躯干呈直角；还原预备姿势。

放松运动：拍捏孩子的四肢及全身。

视觉小游戏：四肢与大脑合作

1. 黑白棋布

选择黑白分明的棋布，放在孩子看得见的地方，刺激孩子的视锥细胞，强化孩子对黑白的视觉反应。黑白棋布有大方格到小方格很多种，每天选择一种放在孩子看得见的地方展示，每次展示 20~30 秒，展示完马上收起来。一天只玩一种，每种重复玩 5 次 ~6 次，每隔 3 天换一种。玩过黑白棋布游戏的孩子，不仅视觉能力提升很快，而且关注力也有明显的增强。

2. 彩色图片

准备大约 30 张几何图形，每天选其中 5 张放在孩子眼前 30 厘米左右的地方，从左至右慢慢移动，每张展示 5~10 秒，每次活动约 60 秒，每天玩 5 次 ~6 次。由于图形具有鲜明的轮廓，再加上反复接触观看，可以有效地提升孩子对物体轮廓的视觉分辨能力。

3. 视觉追踪

拿一个小玩具，用细绳吊起来，放在离孩子眼睛 30 厘米远的地方，先让孩子看，再将玩具慢慢地由左至右、由上到下、由近到远不断变换位置，让孩子的眼睛随玩具移动。

4. 安鼻子

让孩子拿着纸鼻子，站在距离人头画像两米远处，待家长喊“开始”后，孩子走到人像前，把鼻子安上去，家长再喊“完成”，这时孩子须向后转，回到原处。反复训练几次。

5. 钓瓶

用长为 30 米的木棍，一端拴一根长为 30 厘米的细绳，绳的另一端拴一段 4 厘米的小木棒，在一定距离外钓起位于身体大约 5 厘米处竖立的矿泉水瓶，在一定时间内钓得越多越好。

听觉小游戏：听、问、想，环环相扣

1. 母子交流

刚出生的宝宝就有听觉，尤其对妈妈的声音更为敏感。在宝宝醒着的时候，将宝宝轻轻抱起来，贴近妈妈的心脏，先让宝宝倾听妈妈的心跳声，因为在妈妈肚子里时宝宝就已经熟悉这种声音。然后对宝宝温柔、亲切、轻声地讲话，内容可以比较广泛，比如妈妈对宝宝的关怀、大家对宝宝的喜欢、宝宝给妈妈带来的快乐和幸福等。

2. 听声找物

将几个金属玩具扔到地上，看看孩子是否低头在地面寻找。也可以先让孩子看着金属玩具掉在地面上，并让他听到声音，然后再将许多金属物品如勺子、不锈钢碗等，逐样扔在地上，这样孩子就会熟悉金属掉在地上发出的声音，以后再听见类似的声音，就会低头寻找。

3. 大自然的声音

假期带孩子到公园或野外，让他接触大自然，聆听大自然丰富的声音，比如风声、水声、虫鸣、鸟叫、狮吼、虎啸等。父母也可以购买一些大自然声音的磁带或 CD 盘，放给孩子听，同时告诉孩子听到的都是什么声音。父母也可以用嘴模仿出各种动物和自然界的声响，并鼓励宝宝模仿这些声音。

4. 音乐伴我行

家长跟孩子双手相握形成一个小圈圈，然后播放音乐。当音乐开始的时候，家长就带着孩子按顺时针的方向踏步走，当音乐告一段落的时候，引导孩子停下来。

5. 拍拍手

家长与孩子面对面坐下，家长发出指令让孩子拍手。例如，家长说“一”孩子就拍一下，以此类推。然后家长再说“轻拍”或“重拍”，让孩子按要求去拍，并让孩子体会轻拍和重拍发出的不同声音。

6. 刮风了

家长可以在刮风的时候带孩子到户外去聆听风的声音，以及风刮过各种东西发出的声音，如吹动树梢、树叶的声音等，然后再让孩子模仿或说出风刮在自己身上的感受。

7. 听不同

家长和孩子面对面坐下，家长开始读一段故事中的一句话，让孩子认真听，然后再重复。家长再读这句话时要故意读错一个字，然后让孩子说出不同之处，反复练习几次。

嗅觉和味觉小游戏：闻一闻，尝一尝

1. 分类游戏

将干果拼盘（开心果、榛子、杏仁）和水果拼盘（草莓、葡萄、橘子）放在桌子上，引导孩子分类品尝，并说出味道和名称。也可以让孩子戴上眼罩，由家长任取一种干果或水果，放入孩子口中。等孩子品尝后，让他说出干果或水果的名称以及类别，如："我吃的是橘子，橘子是水果。"

2. 认蛋游戏

准备鹌鹑蛋、鸡蛋、咸鸭蛋各一个，分别放在 3 个盘中，向孩子介绍每种蛋的名称。然后分别剥开 3 种蛋让孩子品尝，感知蛋的味道。最后把 3 种蛋切块并混放在一个盘子中，让孩子任取一块品尝，品尝后让孩子说出蛋的名称。

3. 吃饼干

让孩子品尝牛奶饼干、巧克力饼干、咸味饼干，并告诉孩子各种饼干的名称。然后混放 3 种饼干，让孩子任取一种品尝后，说出饼干的名称。

4. 和宝宝一起品尝

准备小碗、小勺，在里面分别放入白醋、白糖水、盐水、白开水、白酒等相同颜色而不同味道的液体，加水稀释后和孩子一起闻和品尝这些液体。要注意的是孩子的味觉相对更为敏锐，所以液体的浓度要在大人刚刚能品尝出来就行，然后让孩子尝试各种味道并记住它们。

5. 吃辅食

孩子 6 个月后就要开始添加辅食，但量要少一些，主要起补充作用。辅食有各种各样的口味，可以帮助孩子的味觉更好地发育，所以家长要特别重视孩子添加辅食的味觉体验，这样可以促进孩子对食物味觉、嗅觉以及口感的形成和发育，并开始逐渐从流食、半流食向固体食物过渡。

综合感觉统合游戏

1. 卷床单游戏

①翻滚卷床单：将单人床单平铺在床面或地毯上，儿童仰卧在床单一端，床单预先裹住儿童下肢，注意不要裹得太紧。让儿童用手抓握住床单后开始翻滚。如果儿童不能自主翻滚，家长就要用手推儿童的臀部、腰部翻滚，直到翻滚至床单的另一头。最后儿童自行解卷或家长持床单协助解卷。

②旋转卷床单：儿童取站立位，单手握床单一角，成人握床单另一角，帮助将床单拉直，让儿童边旋转边移动脚步，完成卷床单游戏。该游戏须在地面相对宽敞的地方实施，防止卷曲期间跌倒撞击受伤。

③互动卷曲：准备 5 米以上长的床单，家长与孩子从两端同时卷曲。

2. 互打手背

儿童与成人手心相对上下叠放，下方翻手轻拍上方手背。先进行左右手单手游戏，然后进行双手游戏。

3. 爬行游戏

①匍匐爬行：儿童在地板、地毯或床面上进行匍匐爬行取物，或者用

双手、双膝支撑躯体，躯干悬空进行爬行。

②蜿蜒爬行：家长拉一辆玩具车蜿蜒前行，让儿童在后面爬行追逐。

③爬行比赛：家长和孩子跪趴在同一起始线，然后向同一终点爬行，比赛谁先到终点。

4. 翻滚击球

在相对开阔的地面，让儿童取俯卧位，家长站在儿童正前方，与儿童相距 1 米以上距离。家长向儿童方向的不同角度推滚球，让儿童通过身体翻滚击打或抓握从身体滚过的球。

5. 开倒车

选择相对开阔、无其他安全隐患和干扰的地方，让儿童在成人的直接保护或言语指导下进行倒行游戏，提高儿童本体感觉和空间感知能力。

①保护式倒行：儿童倒行时，由成人在其身后保护。

②直线倒行：在成人言语指导下，儿童根据面前行迹尽力保持倒行路线呈直线行走，适时调整出现的偏差。

③蛇迹倒行：儿童有意识地进行蜿蜒倒行，使行迹均匀变化或者跟随成人指令绕行大弯和小弯。

④倒行比赛：成人事先设计多条直线或曲线赛道。在室外可以用滑石粉或白灰，在室内可以用粘贴纸，然后与儿童比赛倒行。

⑤跨障碍倒行：在倒行线路中设置横栏或绳子，让儿童在倒行中

跨越。

⑥倒行游戏：儿童手牵玩具车倒行，或背诵儿歌，或回答成人的问题。

6. 变向走

在相对开阔的地方，儿童根据成人的指令在行进中变向行走。

①口令变向走：儿童根据成人口令变向走，如向左转走、向后转走。可以要求儿童闭眼或加快速度走。

②双口令变向走：成人向儿童同时呈现方向及行进步数口令，如五步向后走、向左转五步等。

③儿歌口令变向走：成人口述儿童熟悉的儿歌、诗词，然后让儿童一步一字行走，当一句结束后，儿童就要变换行走方向，如“小老鼠上灯台（向左转），偷油吃下不来（原地转圈）”等。

7. 开飞机

儿童双臂侧平举，似机翼，由沙发或床边跃下，模仿飞机起飞的动作；直线跑、曲线跑、转圈、双臂平举静持，模仿飞机滑行的动作；踮起脚尖小步跑、双臂侧上举振动，模仿飞机高飞的动作；稍微屈膝、弯腰并低头，双臂平举振动，模仿飞机低飞的动作；用脚跟小步跑、双臂侧举上下大幅度振动，模仿飞机颠簸的动作；下蹲、收臂并扑向沙发或床边，模仿飞机降落的动作。游戏期间，成人要给“飞机”不同的飞行阶段进行配音，并引导儿童边“飞”边模拟飞机发动机的声音。也可以由成人扮演导航员，儿童扮演飞行员，由“导航员”引导“飞行员”模拟不同飞行状态，向不同方向飞行或以不同速度飞行等。

8. 金鸡独立

在儿童单腿站立的基础上，让其屈体、双臂外展静持或上下振动、伸直一条腿、头部上下左右移动。刚开始游戏时，可以让儿童在床边或沙发边练习，以确保安全。

9. 闭目听写

儿童闭上眼睛，听写成人拼读的内容。汉字书写在田字格，数字及数学列式计算写在横线本上，英文写在三线本上。游戏初期，儿童闭眼的时间要短，以便儿童对自己完成的情况进行评估，为后续较长时间的训练做准备。不过，这种锻炼通常适用于年龄较大的儿童。